기후위기 앞에 선 그리스도인들에게

녹색의 눈으로 읽는 성경
구약

글쓴이 **박용권**
엮은이 **한국교회환경연구소**

엘까미노

삶을 일깨우는 깊은 묵상

성서가 어느 시대 누구에게나 살아 있는 메시지로 작용하는 건 하나님의 말씀이기 때문입니다. 현재는 물론 과거와 미래를 통찰하며 보편적이면서도 '생명'을 향한 고유한 울림을 멈추지 않습니다. 텍스트(text)로 손색이 없지만, 수많은 컨텍스트(context)에 답하고 있습니다.

엄청난 변화의 시대 속에 한 치 앞을 예측할 수 없습니다. 인류가 달려가는 방향은 맞는 것인지 물어야 하고, 무엇을 얻고자 함인지 살펴야 합니다. 자본의 속성과 문명이 만나면서 걷잡을 수 없는 혼란이 속출하고 있습니다. 상아탑이었던 학문의 위상도 사라지고 최후의 보루가 될 종교가 기능이나 역할은 물론 존재감마저 상실하고 있습니다.

이 책은 어렵고 힘든 기후위기 시대를 살아가는 그리스도인에게 맞춤형 길잡이입니다. 성서에 충실하며 기후위기 시대의 문제를 직시하고 그 해법을 나눕니다. 무겁고 비관적이지 않으면서도 결코 가볍게 다루지도 않습니다. 모든 생명과 존재가 귀하지만 유독 인간에게 집중하고 특별한 관계를 강조하는 것은 문제의 핵심에 인간이 있기 때문입니다. 그 본질을 깊이 헤아리며 묵상한 저자의 글이 아침 세숫물처럼 하루를 일깨웁니다.

백영기 목사 _ 쌍샘자연교회

기후위기 시대를 읽어내기 위해서

기독교인에게 성경은 중요한 순간마다 방향타 역할을 합니다. 개인적인 삶에도 그렇고, 교회의 시대적 사명에도 그렇습니다. 그런데 성경이 방향타 역할을 한다는 말은 우리가 단지 성경에서 필요한 정보를 얻는다는 뜻은 아니지요. 삶과 시대를 보고 판단할 줄 아는 지혜를 얻는다는 뜻일 겁니다. 그렇다면 성경을 읽는 것은 역으로, 성경을 통해 삶과 시대를 읽는 것과 같다고 하겠습니다.

기후위기 시대에도 마찬가지입니다. 이 시대에 우리는 어떻게 살고 어떻게 교회의 사명을 감당해야 할까요? 이 책은 이 물음에 대한 답을 스스로 찾아갈 수 있도록 돕는 친절한 안내서입니다. 매우 반가운 책입니다. 성경을 통해 기후위기 시대를 읽어내기 위한 본격적인 안내서이니까요. 게다가 쉽습니다. 기후위기 시대를 기독교인으로서 어떻게 살아낼 수 있을까를 고민 중이신가요? 그러기 위해 성경을 읽고 싶은데, 어떻게 읽어야 할지 막막하신가요? 성경 본문 이곳저곳을 방문해서 적절한 해설을 담고 기도하며, 성찰할 기회를 제공하는 이 책이 도달하는 목적지가 바로 기후위기 시대를 살아갈 지혜입니다. 이 책과 더불어 기후위기 시대를 지혜롭게 살아가는 신앙인과 신앙공동체를 일구어 가시기를 바랍니다.

신익상 교수 _ 한국교회환경연구소 소장, 성공회대학교

생명의 길을 걷는 그리스도인들에게

　요즘 같은 시대에 성경 같은 진지한 책을 공부하는 일도 쉽지 않은데 거기에 기후위기라는 심각한 주제까지 더해졌다니, 다소 교과서 같은 느낌을 주지 않을까 짐작하면서 책을 펼쳤습니다. 먼저 이 책은 기후위기 시대를 사는 그리스도인들이 생태적 관점으로 성경을 읽고 공부하도록 하는 기본적인 주제와 의도에 매우 충실하다는 점에서 교과서다웠습니다.

　그런데 신기하게도 지루하거나 단편적이거나 일방적으로 가르친다는 느낌은 들지 않았습니다. 그 이유가 무엇일까 곰곰이 생각해 보았습니다. 아마도 그 속에 다양한 신앙적 주제들이 알기 쉬우면서도 깊이 있게 어우러져 있기 때문인 것 같았습니다. 사람이란 어떤 존재이며 하나님은 누구신지, 생명은 무엇이며 어떻게 대해야 하는지, 가난과 부를 어떻게 바라봐야 할지, 신앙을 가지고 세상을 산다는 것은 무엇을 의미하는지, 다양하면서도 근본적인 주제들이 책 전반에 풍요롭게 녹아들어 있었습니다.

　마치 아주 소박하지만 정성과 영양을 두루 갖춘 밥상을 대하는 느낌입니다. 어쩌면 납작한 진실을 느껴지고 만져지는 입체로 만들어 놓은 것 같기도 합니다. 글쓴이의 깊이 있는 사유와 탁월한 이야기 솜씨가 느껴지는 대목입니다. 기후위기 시대를 어떻게 살 것인가 고민하는 그리스도인들과 더불어 신앙이란 무엇인가를 고민하는 개인과 공동체에 이 책을 권합니다.

안지성 목사 _ 새터교회

성경에서 길을 찾을 수 있을까?

"죽음의 폭주를 멈춰라. 이러다 다 죽는다."

유엔 사무총장의 말입니다. 인류는 지금까지 한 번도 경험해 보지 못한 기후재앙에 노출되었습니다. 기후재앙은 인류가 빚은 참극이며 지난 300여 년 동안 지속해 온 경제개발의 결과입니다. 결국 오늘날 기후위기는 잘못된 세계관 때문입니다. 물량주의적 세계관을 생태적 세계관으로 전환하는 일이 급선무입니다. 그런 다음 개개인의 삶의 방식을 생태적으로 전환해야 할 것입니다.

세계 모든 나라는 비상하게 대처해야 합니다. 골든타임을 놓치면 그야말로 공멸입니다. 시간이 얼마 남지 않았습니다. 전 인류가 힘을 모아야 합니다. 사사로운 것으로 갈등하다가는 돌이킬 수 없게 될 것입니다. 비상상황임을 선포하고 전 인류가 비상행동을 결단해야 합니다.

성서는 인류 역사상 가장 영향력을 끼친 책입니다. 정치, 경제, 문화, 예술, 교육 등 성서의 영향이 미치지 않은 곳이 없습니다. 천지창조는 하나님의 작품이며 생태적 세계관은 성경적이며 창조질서를 보전하는 환경운동은 하나님이 인류에게 맡긴 최초의 사명입니다. 만물 안에 하나님의 보이지 않는 신성으로 충만하며 모든 존재는 하나님의 계시입니다.

오늘날 지구 생태위기도 성서에서 길을 찾을 수 없을까? 이때 생명의 길벗인 박용권 목사가 소중한 책을 냈습니다. 성경의 말씀들을 위기의 상황에 비추어 해석하고 관련 자료를 참조하여 책을 지었습니다. 설교하는 목회자에게, 기후위기 시대를 살아가는 그리스도인들에게 소중한 길잡이가 될 것으로 확신합니다. 고마운 마음을 전합니다.

양재성 목사 _ 기독교환경운동연대 상임대표

녹색의 눈으로, 생명을 품은 마음으로

기후위기 시대에 교회의 사명은 무엇일까?

이 물음 앞에 교회가 무엇인가 대답해야 하는데 마음만 분주할 뿐, 마땅한 답변을 찾지 못했습니다. 이번에 일찍부터 녹색교회로 활동하고 있는 박용권 목사님께서 시의적절한 때에 고민의 결과를 내어주셨습니다. 교회와 그리스도인들이 생태적 관점에서 성경공부를 하고, 녹색을 마음에 품은 그리스도인들로서 책임과 사명을 다할 수 있도록 길잡이를 마련해 주셨습니다. 기후위기 시대에 교회가 감당해야 할 생명선교의 길을 이 책을 통해 찾을 수 있다고 생각합니다. 교회마다 이 책을 활용하여 생명을 살리는 일에 함께해 주시기를 바랍니다.

인영남 목사 _ NCCK 생명문화위원회 위원장

지금은 아는 것을 행동해야 할 때입니다

목양은 끊임없이 자신을 성찰하며 걷는 길입니다. 그 길이 쉽지는 않습니다. 얼핏 인간관계가 힘든 것이겠지 생각하겠지만, 아닙니다. 하나님의 거룩한 말씀 앞에서 자신을 끊임없이 정직하게 성찰해야 하는 길이기에 그렇습니다.

내용의 초점은 기후위기와 생태적 환경윤리입니다. 오늘날의 세계에서 '그리스도인은 어떻게 살아야 하는가'라는 문제에서 환경윤리가 빠질 수 없습니다. 자연과 사회를 돌보는 생태적 환경윤리는 하나님의 일반계시의 중요한 몇 가지 항목에 들어갑니다. 삼위일체 하나님께서 자신의 뜻을 드러내 보여주시는 것이 계시이니, 계시는 엄중합니다. 십자가의 복음을 명시적으로 담은 특별계시와 특별계시가 삶으로 작동되는 열매인 일반계시는 그리스도인이 마땅히 순명해야 할 가치입니다.

구약의 창세기부터 말라기까지(구약 편), 마태복음부터 요한계시록까지 그리고 요한복음 10장 10절의 가르침으로 마무리(신약 편)하는 모든 메시지가 깊습니다. 각 장에 두 가지의 질문을 두어서 함께 묵상하고 나누게 하니 참 좋습니다. 교회나 다양한 모임의 소그룹에서 읽고 토의하며 기도하면 좋겠습니다. 저자의 깊은 묵상과 행동이 담긴 글쓰기가 참 고맙습니다.

지형은 목사 _ 한국교회환경연구소 이사장

잔소리가 아니라 애타는 마음의 표현으로 들어주시기를

이 책은 2022년 봉원교회 수요기도회 시간에 한 설교를 요약한 것입니다. 2022년 내내 '기후위기 시대에 읽는 구약성경'이라는 주제 아래 구약성경을 한 권씩 차례로 묵상하고 설교하였습니다.

2019년 말에 시작된 코로나19로 2~3년간 일상 생활이 중단되고, 하고 싶은 것을 마음껏 할 수 없었습니다. 그때 코로나19가 끝나더라도 또 다른 것이 우리 일상을 중단시킬지도 모른다는 두려움이 마음에 엄습했습니다. 점점 상승하는 기온, 변화하는 기후가 우리 일상을 바꾸고 있습니다. 사과의 주산지는 더 이상 대구가 아니라 강원도가 되었습니다. 농민들은 변화하는 기후에 맞추어 농사를 지을 수밖에 없는데 변화하는 기후 때문에 농사짓기가 점점 어려워집니다. 농사를 망치는 일이 많고, 그에 따라 농산물 가격의 변동 폭이 극심해서 고통을 겪는 사람들이 많습니다. 심지어 굶주림에 시달리는 사람도 많습니다.

기후변화는 점점 심해지고 세계 도처에서 수많은 동·식물과 사람이 고통을 겪고 죽습니다. 기후변화를 초래한 것은 화석 연료에 기반을 둔 근대 문명입니다. 그러나 이러한 근대 문명은 지속가능하지 않습니다. 화석 연료에서 나오는 온실가스가 지구 생태계를 망가뜨리고 인류의 삶을 위협하기 때문입니다. 화석 연료 사용을 중단하지 않으면 기후위기는 더욱 심해지고, 우리의 일상은 중단될 것입니다. 머지않아 전기 사용도, 자동차 운행도 마음대로 하지 못할 것입니다. 더 나아가 화석 연료 기반의 문명이 다 무너지고, 인류가 멸종할 수도 있습니다.

성경은 우리를 구원으로 이끕니다. 기후위기 시대를 사는 지혜가 담

겨 있습니다. 물건을 소비하는 것으로 누리는 즐거움보다 훨씬 더 크고 차원 높은 즐거움을 성경을 통해 누릴 수 있습니다. 우리는 성경 말씀을 따라 기후위기 시대를 극복할 수 있습니다. "곤고한 날이 오기 전에 너의 창조주를 기억하라"(단 12:1). 인류가 원치 않는 곤고한 날이 다가오고 있습니다. 그날이 오기 전에 두려운 마음으로 성경을 읽고, 묵상하고, 말씀에 순종하여 우리 자신과 미래 세대를 위해 새로운 길을 가야 합니다.

주일예배 시간에 환경 문제나 기후위기와 관련된 설교를 가끔 하지만, 시간이 좀 지나면 회중이나 심지어 설교자조차 내용을 기억하지 못합니다. 가끔 하는 주일예배 설교로는 기후위기의 심각성을 제대로 전달하지 못하고, 삶의 변화를 이끌어낼 수 없습니다. 이런 문제 의식 때문에 2년 동안 매주 기후위기를 주제로 성경을 읽고 설교하였습니다. 그러다 보니 설교가 잔소리가 되는 것 같았습니다. 그런데 화석 문명에 취해 기후위기가 찾아왔다는 사실조차 알지 못하고 예전과 같이 소비하고 즐기는 사람에게는 잔소리가 필요합니다. 이 책에 등장하는 잔소리를 반복해서 듣고 우리가 지금 기후위기 시대를 살고 있다는 것을 깨달아 회개하고, 길이요 진리요 생명이신 예수님을 따라 살아가길 기대합니다.

이 책의 출판을 위해 후원해 준 봉원교회, 예장총회사회봉사부, 녹색교회네트워크, 출판을 제안하고 책을 만들어준 사)한국교회환경연구소와 기독교환경운동연대, 서툰 글을 다듬고 편집하느라 수고한 이현아 목사님과 정리연 편집장님에게 감사합니다.

2024년 12월 대림절에
박용권 목사

구약

기후위기 앞에 선 그리스도인들에게

1

녹색 은총

녹색 은총

창세기 1:1-23

하나님이 지으신 그 모든 것을 보시니 보시기에 심히 좋았더라.
저녁이 되고 아침이 되니 이는 여섯째 날이니라. _창 1:31

기후위기 시대에 읽는 성경

성경에는 우리와 이 세상을 사랑하고 구원하시는 하나님의 뜻이 담겨 있습니다. 기후변화로 인한 재앙에 직면한 세상에 사는 우리는 이 세상을 구원하시는 하나님의 뜻을 찾기 위해 성경을 읽어야 합니다. 우리는 개인적으로 각 사람을 구원하시는 하나님의 뜻을 따라 복을 누리며 살아야 합니다. 하지만 혼자만 복을 누릴 수는 없습니다. 우리가 몸담고 있는 이 세상에 하나님의 뜻이 이루어지고 하나님의 구원이 실현되어야 비로소 우리의 구원이 온전히 이루어질 수 있습니다.

아름답고 좋은 세상

창세기의 창조 이야기를 읽을 때마다 우리는 이 세상이 하나님의 작품이라는 것을 기억해야 합니다. 하나님은 천지만물을 창조하시면서 보시기에 좋았더라는 감탄을 여러 차례 하셨습니다. 이 세상은 전능하신 하나님께서 창조하셨기 때문에 아름답고 좋은 곳입니다. 그런데 그리스도인 중에 이 세상은 마귀의 지배 아래 있고 더러운 곳이어서 결국 완전히 폐기될 것이라고 생각하는 사람이 있습니다. 그것은 오해이고 창조주 하나님에 대한 불신입니다. 우리는 하나님이 지으신 세계를 결코 가벼이 여겨서는 안 됩니다. 그런 생각을 가지면 이 세상이 멸망해 가는 것을 수수방관하게 됩니다. 환경오염과 기후변화로 지구가 더러워지고 사람이 살기 어려운 상태로 변하고 있는데, 어차피 멸망할 세상이니 깨끗하게 할 필요가 있느냐고 생각하고 아무것도 하지 않을 것입니다.

우리는 이 세상이 하나님이 만드신 아름다운 작품이요 하나님이 사랑하시는 곳임을 잊지 않아야 합니다. 또한 하나님께서 이 세상을 망하게 하거나 폐기처분하지 않고, 아름답게 완성하실 것을 내다보아야 합니다. 이사야서와 신약성경에 나오는 대로 하나님이 이 세상을 새롭게 하셔서 새 하늘과 새 땅을 이루실 것입니다. 이 세상을 아름답게 완성하실 것입니다. 우리는 이 소망을 가지고 세상을 아름답게 완성하시는 하나님의 구원 역사에 동참해야 합니다.

하나님은 세상을 아름답게 창조하셨습니다. 그리고 더 아름답게 완성하실 것입니다. 이것이 성경의 요점입니다. 우리는 이런 생각을 품고 세상을 아름답게 완성하시고 구원하시는 하나님의 동역자로 살아가야 합니다.

녹색 은총

하나님께서 여섯째 날에 동물과 사람을 창조하셨습니다. 하나님은 첫째 날부터 다섯째 날까지의 창조를 통해 사람이 살아갈 수 있는 여건을 만드셨습니다. 아무것도 없는 공허한 곳에서는 사람이 살 수 없기 때문입니다. 우리는 하나님께서 사람이 살기에 적합한 여건을 만들어주셨음에 감사하며, 자연만물을 통해 우리에게 베풀어주신 하나님의 은총을 '녹색 은총'이라고 부릅니다.

어떤 영화에 태양계 행성 중 하나인 화성에 사람이 살 수 있는 환경을 만들고 사람을 이주시키는 이야기가 나옵니다. 그것은 상상에 불과합니다. 아직 사람은 화성에 가 본 적이 없습니다. 사람이 화성에 갈 수 있는 방법도 없습니다. 그러니 화성에 사람이 살 수 있는 대규모 시설을 만든다는 것은 불가능하다고 보아야 합니다. 화성은커녕 지구의 사막 지역을 사람이 살기에 적합한 곳으로 만드는 일도 못합니다. 제아무리 과학 기술이 발달해도 사람이 자신들이 살 수 있는 환경을 스스로 만들 수는 없습니다. 우리는 오직 하나님의 은혜, 즉 하나님이 베풀어 주시는 녹색 은총 덕분에 삽니다.

녹색 은총에 대비되는 은총이 있습니다. 우리가 이미 너무 잘 알고 있는 예수님의 보혈을 통한 구원의 은총, 즉 예수님께서 흘리신 피를 기억하는 '적색 은총'입니다. 하나님께서 예수님을 이 세상에 보내셨습니다. 우리를 위해 살고 고난받고 죽게 하셨습니다. 그리고 부활하게 하심으로 우리를 죄와 사망의 권세에서 해방시키시고 영광스런 하나님의 자녀로 살게 해 주셨습니다.

그런데 우리가 이 적색 은총만 알고 녹색 은총을 모르면 온전한 그리스도인이 될 수 없습니다. 예수님 믿고 천국에 가면 그것으로 충분하다고 생각하며 하나님이 베푸신 녹색의 은총을 무시하고 세상에서 마음대로 욕심을 채우고 창조세계를 훼손하는 사람은 하나님의 은혜를 헛되이 받은 사람입니다.

사실 녹색 은총이 없으면 우리가 적색 은총을 받을 수 없습니다. 녹색 은총이 없으면 이 세상도 없고, 우리가 세상에 존재할 수도 없고, 예수님이 사람이 되셔서 이 세상에 오실 수도 없습니다. 녹색 은총이 사라지면 세상도 교회도 존재할 수 없습니다. 그러므로 적색 은총뿐만 아니라, 녹색 은총도 소중하게 여기고 그 은총을 주신 하나님께 늘 감사하며 살아야 합니다.

우리가 사는 이 녹색 세상에 하나님의 손길이 깃들어 있고, 하나님의 은총이 담겨 있습니다. 이런 녹색 세상을 우리 욕심을 채우기 위해 더럽히고 파괴하는 것은 녹색 은총을 주신 하나님을, 녹색 은총을 무시하는 것과 같습니다.

우리가 사는 세상은 더러운 곳이 아닙니다. 빨리 벗어나야 할 곳도 아닙니다. 이 세상은 하나님이 지으신 조화롭고 아름다운 세상이요, 우리에게 선물로 주신 녹색 은총이 충만한 곳입니다. 아름다운 녹색 세상에서 하나님의 녹색 은총에 날마다 감사하며 사십시오. 감사하는 마음으로 탐욕을 물리치고, 이 녹색 세상을 아름답게 보전하며 사십시오. 그것이 녹색 은총을 받은 우리가 마땅히 해야 할 일입니다. ✍

하나님, 이 세상을 아름답고 조화롭게 창조하여 주시니 감사합니다. 우리를 창조하여 아름답고 풍요로운 녹색 세상에서 살게 하신 주님을 찬양합니다. 하나님의 손길과 녹색 은총이 가득한 이 세상을 소중하게 여기고 더 아름답게 보전함으로써 우리 후손들이 대대로 녹색 은총을 누리게 하옵소서.

1. 이 세상은 마귀의 소굴이나 더러운 곳이 아니라, 아름답고 좋은 하나님의 작품입니다. 이 세상의 가치를 무시하거나 세상을 더럽게 여기는 태도를 반성해봅시다.

2. 천지만물을 통해 하나님이 우리에게 베풀어주시는 녹색 은총에 비해 사람의 힘이나 기술은 한없이 초라합니다. 사람과 과학 기술의 한계에 대해 말해봅시다.

하나님의 청지기로 창조된 사람

창세기 2:7-17

여호와 하나님이 그 사람을 이끌어 에덴 동산에 두어
그것을 경작하며 지키게 하시고 _ 창 2:15

사람의 본질과 한계

지구 생태계에서 우리는 자칫 암세포와 같은 존재가 될 수 있습니다. 지구에 엄청난 부담을 주는 방식으로 살기 때문입니다. 사람들은 자기 욕심을 채우려고 지구를 더럽히고 수많은 동·식물을 멸종시킵니다. 의사가 암에 걸린 환자의 암세포를 도려내듯이, 환경오염과 기후변화로 인한 재앙을 없애는 가장 좋은 방법은 사람이 없어지는 길이라고 말하는 세상이 되었습니다. 사람이 없으면 환경오염도 기후재앙도 없기 때문입니다. 천지만물을 창조하시고 사람을 이끌어 그것을 경작하고 지키게 하셨던 하나님께서 행여나 이 세계에서 사람을 마치 암세포를 없애는 방식으로 지구의 환경 문제를 해결하실까 두렵습니다. 우리는 지구 생태계를 망가뜨리는 방식으로 살아가서는 안 됩니다. 두려운 마음과 삼가는 마음으로 기후위기 시대를 살아야 합니다.

"여호와 하나님이 땅의 흙으로 사람을 지으시고, 생기를 그 코에 불어넣으시니 사람이 생령이 되니라"(창 2:7). 사람의 창조는 두 단계로 이루어집니다. 하나님은 먼저 땅의 흙으로 사람을 지으셨습니다. 창세기에 "너는 흙이니 흙으로 돌아갈 것이니라"(창 3:19)는 말씀이 나옵니다.

사람이 창조의 꽃이요 하나님의 위대한 작품이라고도 불리지만, 사람은 흙으로 만들어졌고 결국 흙으로 돌아갈 수밖에 없는 연약한 존재입니다. 사람의 몸을 구성하는 요소들은 이 세계에 속한 것입니다. 사람은 위대한 존재이지만 또한 피조물의 한계를 지니고 있습니다. 사람은 피조세계의 한 부분입니다. 세상이 더러워지면 사람도 더러워집니다. 물, 공기, 땅이 오염되었기에 그 속에 있는 우리도 오염되었습니다.

이러한 연약한 인간을 위대하고 영원한 존재가 되게 하는 은총을 하나님께서 주십니다. 바로 사람 창조의 두 번째 단계입니다. 하나님이 흙으로 사람을 지으신 후에 사람의 코에 생기를 불어넣으셨습니다. 그러자 사람이 생령, 즉 살아 있는 존재가 되었습니다. 생기는 흙으로 된 사람을 살아 움직이게 하고 사람답게 하는 힘입니다. 그 생기는 하나님으로부터 왔습니다. 덕분에 사람은 특별한 존재가 되었습니다. 창세기 1장 26절 이하에도 하나님께서 사람을 창조하시는 이야기가 나오는데, 하나님은 당신의 형상을 따라서 사람을 지으셨다고 합니다. 사람 안에 하나님의 형상이 있습니다. 그 하나님 형상의 근거가 바로 하나님으로부터 나온 생기입니다. 하나님으로부터 온 생기 덕분에 사람은 이 피조세계의 일부이면서, 동시에 피조세계를 넘어 창조주 하나님을 따라 영원한 차원을 꿈꾸는 존재가 되었습니다.

사람의 사명

이처럼 사람은 차원이 다른 존재이기에 처음부터 하나님과 교제하며 살았습니다. 하나님은 사람에게 특별한 사명을 주셨습니다. 사람을 에덴동산이라는 곳에서 살게 하시며 그곳에서 해야 할 일을 알려주셨습니다.

"여호와 하나님이 그 사람을 이끌어 에덴 동산에 두어 그것을 경작하며 지키게 하시고"(창 2:15). 하나님께서는 사람을 에덴동산에 두시며 땅을 경작하고 지키게 하셨습니다. 이것이 사람의 사명입니다. 경작은 땅을 일구는 행위이고, 지키는 것은 땅을 보호하는 행위입니다. 땅을 지나치게 경작하면 땅이 망가질 수도 있기 때문에 지키라는 명령도 함께 주셨습니다. 사람은 땅의 흙으로 빚어진 존재이기 때문에, 땅을 잘 경작하고 에덴동산을 지키는 행위는 사람의 본성에 속하는 일입니다. 사람은 자신의 근원인 땅을 경작하고 지키며 자신이 땅으로부터 온 연약한 존재인 것을 깨닫고 겸손하게 살아갈 수 있습니다.

창세기 1장 28절에는 하나님께서 사람을 창조하시고 사람에게 복을 주시며 내리신 명령이 있습니다. "생육하고 번성하여 땅에 충만하라. 땅을 정복하라. 모든 생물을 다스리라". 어떤 신학자들은 이 구절이 사람들이 환경을 파괴하도록 부추긴 측면이 있다고 말합니다. 서양에서 근대 문명이 일어난 후에 지구환경은 본격적으로 파괴되기 시작했습니다. 서양 사람들은 사람이 자연세계의 일부라고 생각하지 못했습니다. 사람과 자연세계를 구분하고, 정복의 대상으로 보았습니다. 자연세계를 통제하고 개발하고 조작해서 사람의 이익을 극대화하였습니다. 그 결과 사람들이 문명의 혜택을 누렸지만, 동시에 환경오염과 기후변화로 인해 멸망할 위기에 처하고 말았습니다.

창세기 2장 16-17절에서 하나님은 사람에게 에덴동산의 모든 나무의 열매를 먹어도 되지만, 선악을 알게 하는 나무의 열매만은 먹지 말라는 명령을 하셨습니다. 이는 사람이 스스로 선악을 판단하지 않고 오직 하나님께 의지하고 순종하여 판단하라는 명령입니다. 사람은 하나님의 피조물이고, 하나님의 숨에 의존해서 사는 존재입니다. 그러므로 사람은 하나님에게 의존하고 하나님께 순종해야 합니다. 하나님께서 동산 중앙에 있는 선악을 알게 하는 나무를 두시고 그 열매를 먹지 말라고 하신 것은 사람이 하나님의 명령을 듣고 그 명령에 순종해야 하는 존재인 것을 알려줍니다. 하나님은 사람의 눈에 가장 잘 띄는 곳에 선악을 알게 하는 나무를 두시고 사람으로 하여금 그것을 볼 때마다 자신이 하나님을 의존하는 존재인 것을 깨우치게 하셨습니다. 사람은 독립적인 존재가 아니라, 이 땅과 하나님께 의존하는 존재입니다. 우리는 세상의 주인이 아니고 세상을 경작하고 지키는 청지기입니다. 이러한 정체성을 잘 알고 그에 맞게 살아야 합니다.

하나님은 당신이 창조하신 세계를 보전하시기 위해 암세포를 도려내듯이 인류를 심판할 것입니다. 기후재앙은 그것을 암시합니다. 이러한 시대에 사람이 어떤 존재인지 분명히 알고 하나님의 명령에 순종하는 사람으로, 또한 하나님이 지으신 세계를 지키는 청지기로 살아야 합니다. 🌿

흙으로 사람을 빚으시고 생기를 불어넣으신 하나님, 주님이 우리에게 부여하신 한계와 더불어 우리에게 생명을 주시고 영원한 존재가 되게 하신 주님의 은혜를 잊지 않게 하옵소서. 우리의 한계를 분명히 인식하고 오직 주님을 의지하고 주님께 순종하며 살게 하옵소서.

1. 흙으로부터 온 사람이 자신의 본질을 모르고 흙을 더럽히는 현실에 대해서 반성해봅시다.

2. 사람이 하나님이 주신 사명을 버리고 욕심을 채우며 사는 것이 지구에 어떤 영향을 미쳤는지 성찰해봅시다.

무지개 언약

창세기 9:8-17

> 내가 내 언약을 너희와 너희 후손과 너희와 함께 한 모든 생물 곧
> 너희와 함께 한 새와 가축과 땅의 모든 생물에게 세우리니, 방주에서
> 나온 모든 것 곧 땅의 모든 짐승에게니라 _ 창 9:9-10

사람이 다른 피조물에 미치는 영향

노아 시대에 일어난 홍수 사건의 계기는 창세기 6장에 나옵니다. 5절을 보면 하나님께서 사람의 죄악이 세상에 가득함을 보고 한탄하십니다. 당신이 창조하신 사람을 없애버리기로 하셨습니다. 그런데 사람뿐만 아니라 가축과 기는 것과 공중의 새까지 다 없애겠다고 하셨습니다. 홍수가 일어나서 사람과 많은 동물이 죽게 된 계기는 사람의 범죄였습니다. "그 때에 온 땅이 하나님 앞에 부패하여, 포악함이 땅에 가득한지라"(창 6:11). 온 땅이 부패했다는 것은 온 땅이 썩었다는 뜻입니다. 사람의 죄악 때문에 악취가 진동하는 세상이 되고 말았습니다. 사람과 사람의 죄의 영향력이 이토록 크다는 사실을 주목해야 합니다.

서울대학교에서 물리학을 가르쳤던 장회익 교수는 '온생명'이라는 개념을 제시하였습니다. 온생명이란 태양계 전체를 의미합니다. 생명현상이 있는 곳은 태양계가 유일합니다. 장 교수는 온생명, 태양계 전체에서 사람이 차지하는 위치를 강조합니다. 그는 사람이 온생명의 중추신경계를 담당한다고 하였습니다. 우리 몸의 중추신경계는 외부 세계와 교감을 하면서 우리 몸을 그에 반응하게 하고 조절하게 합니다.

기후위기 앞에 선 그리스도인들에게

중추신경계가 잘못되면 우리 몸 전체에 이상이 생기고 죽고 맙니다. 그와 마찬가지로 온생명, 즉 사람이 잘못되면 태양계 전체의 생명에 문제가 생깁니다. 이런 주장은 성경적이라고 생각합니다.

노아 시대를 생각해 보십시오. 사람들의 범죄가 온 세상에 영향을 미쳐 세상이 썩어버렸습니다. 하나님은 부패한 세상을 심판하기 위해 세상에 홍수를 일으키십니다. 이 세상에 홍수를 초래한 것은 사람의 죄입니다. 이 세상의 생태계가 교란되고 파괴되는 근본 요인 역시 사람의 죄입니다.

반대로 생태계를 아름답게 회복시키는 것 역시 사람에게 달려 있습니다. 창세기 6장 후반부와 7장에는 노아가 수많은 동물을 살리는 이야기가 나옵니다. 6장 9절을 보면, 노아는 의인이고 당대에 완전한 사람이었습니다. 하나님과 동행하는 사람, 하나님과 늘 함께 하는 사람이었습니다. 당대의 많은 사람이 죄악으로 세상을 부패하게 만들고 망하게 만들었지만, 노아는 반대로 세상을 구원하는 사람이 됩니다. 노아는 방주를 만들고 동물들을 방주 안으로 들어오도록 하여, 홍수로부터 그들의 생명을 지켰습니다.

사람의 죄악으로 부패한 세상에서 수많은 동물이 죽어가는 상황에서도 노아라는 의인 덕분에 동물이 멸종하지 않고 살아남았습니다. 죄인 때문에 생명이 죽고 세상이 무너졌지만, 의인 때문에 생명이 살아남고 세상이 구원을 얻었습니다. 우리가 어떻게 사느냐에 따라 세상이 무너지기도 하고 다시 생명의 길로 들어서기도 합니다. 우리는 이 세상에 살면서 어떤 역할을 하고 있을까요?

모든 생물과 언약을 맺으신 하나님

홍수가 끝난 후에 하나님께서는 살아남은 사람들과 동물들에게 복을 주시고(창 9:1-7) 그들과 언약을 맺으십니다. 창세기 9장 8-10절에는 하나님의 약속을 받는 대상이 나옵니다. 하나님은 현존하는 사람들과 그들의 후손들 그리고 그 사람들과 함께 있는 새와 가축과 땅의 모든 생물과 언약을 맺으십니다. 하나님은 당대의 사람뿐만 아니라, 후대의 사람과 모든 피조물이 복을 누리며 살게 하겠다고 약속하셨습니다. 나아가 하나님은 다시는 홍수로 생명체들을 멸망시키지 않을 것이고 땅을 멸할 홍수가 다시 있지 않을 것이라고 약속하셨습니다(창 9:11). 이러한 하나님의 사랑과 약속이 있기 때문에 사람들의 죄악에도 불구하고 세상이 이렇게 보존되고 있습니다.

하나님은 당신이 약속한 것을 꼭 지키겠다는 표시로 무지개를 보여주십니다(창 9:12-17). 하나님께서는 무지개를 볼 때마다 당신의 약속을 기억할 것이라고 하셨습니다. 하나님과 방주에서 나온 피조물 사이에 맺은 언약은 하나님편에서 체결하신 약속입니다. 하나님은 당신이 창조한 피조물을 지키시겠다고 굳게 다짐하셨습니다. 이 약속을 통해서 우리는 하나님께서 당신이 지은 이 세계와 이 세계에 사는 모든 피조물을 얼마나 사랑하시는지 확인할 수 있습니다.

우리는 죄로 말미암아 죽을 수밖에 없는 우리를 긍휼히 여기시고, 예수님을 보내 십자가에서 죽게 하신 하나님의 지극한 사랑을 알고 있습니다. 예수님의 십자가 죽음과 부활 사건은 노아 시대의 사람에게 보여준 무지개보다 더 분명하고 명확한 하나님의 약속이고 다짐입니다. 그리고 그것은 궁극적으로 만물의 구원을 향하고 있습니다. 하나님은 예수 그리스도를 통해 사람을 포함한 모든 피조물을 사람들의 죄악으로부터 구원하시고 영생을 누리게 하십니다. 그러므로 우리는 사람의 죄악에도 불구하고 끊임없이 은혜를 베푸시는 사랑의 하나님의 마음을 품고, 하나님처럼 생명을 지닌 모든 피조물을 깊이 사랑해야 합니다.

1990년, 서울에서 세계교회 JPIC(정의, 평화, 창조질서의 보전)대회가 열렸습니다. 대회 마지막 날에 함께 다짐하는 문서를 채택했습니다. 문서의 제목은 〈홍수와 무지개 사이에서〉입니다. 노아 시대 홍수 사건 후에 무지개를 보여주시며 생명을 보존하시겠다고 다짐하신 하나님을 생각하며, 세계교회는 하나님의 마음으로 사람을 포함한 이 땅의 모든 생명을 사랑하기로 다짐하였습니다. 우리는 사람 때문에 죽어가는 생명들을 살리시는 하나님을 생각하면서 우리의 죄를 깊이 반성하고 회개하며 이 땅 위의 모든 생명을 구원하시는 하나님의 동역자로 살아야 하겠습니다.

하나님, 더러워지고 파괴되는 세상을 바라보며 우리의 잘못을 깨닫고 회개하게 하옵소서. 이 세상을 사랑하셔서 예수님을 보내사 죄와 사망의 권세에서 건져 주셨사오니, 온 세상의 모든 생명을 보호하시는 하나님의 뜻을 따라 살게 하옵소서. 하늘에 뜨는 무지개를 볼 때마다 이 세상의 모든 피조물을 사랑하시는 주님의 사랑을 기억하고 이 땅의 모든 생명체를 사랑하고 보존하며 살게 하옵소서.

1. 사람의 생각과 행위가 지구환경에 어떠한 영향을 미치고 있는지 돌아봅시다. 더러워지고 파괴되는 환경을 다시 회복시키는 것이 사람의 변화에 달려 있음을 묵상합시다.

2. 사람뿐만 아니라 모든 피조물을 사랑하시는 하나님 앞에서 인간 중심적으로 사고하고 행동하는 우리의 잘못을 반성합시다.

애굽에 내린 자연재해

출애굽기 7:1-7

> 바로가 너희의 말을 듣지 아니할 터인즉, 내가 내 손을 애굽에 뻗쳐
> 여러 큰 심판을 내리고 내 군대, 내 백성 이스라엘 자손을 그 땅에서
> 인도하여 낼지라 _ 출 7:4

사람의 죄에서 비롯된 자연재해

몇 년 전에 시작된 코로나19 감염병으로 7억여 명이 감염되고, 7백여 만 명이 목숨을 잃었습니다. 21세기, 그것도 과학 기술이 고도로 발달한 시대에 인류가 이런 재앙을 당할 것이라고는 상상도 못했습니다. 코로나19는 인수공통 감염병의 일종으로 인간이 다른 피조물의 서식지를 파괴한 것이 근본 원인입니다. 인간은 자신의 욕망을 충족시키기 위해 자신을 둘러싼 자연환경을 착취하고 파괴하며 살았습니다. 이에 대한 자연의 역습이 시작되었습니다. 기후재앙이 대표적인 예입니다. 코로나19 사태가 끝나면 또 다른 바이러스가 우리를 찾아와 괴롭힐 것입니다. 이 재앙은 과학 기술로도 막을 수 없습니다. 우리가 못된 생활방식을 고칠 때까지 인류에게 이런 재앙이 계속될 것입니다.

출애굽기는 애굽에서 노예 생활하던 이스라엘 민족이 애굽을 떠나는 이야기입니다. 출애굽기 1장을 보면 야곱의 가족 70명이 애굽에 정착합니다. 야곱의 가족들은 처음에는 요셉 덕분에 좋은 대접을 받고 살아났습니다. 하지만 요셉이 죽고 요셉이 누구인지도 모르는 사람들이 나라를 다스리게 되자 야곱의 후손들은 애굽 사람들의 노예가 되고 말

왔습니다. 애굽 사람들이 이스라엘 민족을 학대하자 그들은 그들의 하나님께 구해달라고 부르짖습니다. 하나님께서 그 호소를 들으시고 모세와 아론을 지도자로 세우십니다.

모세와 아론은 하나님의 명령을 따라 애굽의 황제 바로에게 가서 이스라엘 민족을 보내라고 요구했습니다. 그런데 애굽 왕 바로는 이스라엘 민족을 보내지 않습니다. 다른 사람을 노예로 삼고 억압하는 것은 죄입니다. 그런 일을 중단하라고 요구하는 것을 거부하는 것 역시 죄입니다. 이 죄를 그칠 것을 거부하자, 애굽에 재앙이 내리기 시작합니다. 사람의 죄가 애굽에 내린 온갖 재앙의 근원이었습니다. 그리고 이때 애굽에 내린 재앙이 주로 자연재해였다는 것을 주목할 필요가 있습니다.

자연재해로 인해 멸종의 위기에 처한 사람

애굽에 내린 첫 번째 재앙은 나일 강의 물이 피로 변하는 재앙입니다. 나일 강은 애굽을 남북으로 관통하는 강입니다. 애굽 사람들은 나일 강 덕분에 많은 농산물과 축산물을 수확하였고 소위 이집트 문명을 일으켰습니다. 그 문명 덕분에 풍요롭게 살았습니다. 그런데 하나님께서 나일 강의 물을 피로 변하게 하신 것입니다. 그러자 물고기들이 떼죽음을 당합니다. 사람들은 강물을 마실 수 없게 됩니다. 애굽의 젖줄이라고도 하는 나일 강이 애굽 사람들의 죄악 때문에 더러워져 사람을 죽이는 강이 되고 만 것입니다.

오늘 우리 시대의 강도 마찬가지입니다. 사람이 죄를 지으면 강물이 더러워지고, 더러워진 물 때문에 사람들이 고생하고 죽게 됩니다. 더러운 강물과 함께 사는 우리는 옛 교훈을 기억해야 합니다. 회개하고 하나님의 뜻을 따라 살고자 노력해야 합니다.

애굽에 내린 두 번째, 세 번째, 네 번째, 여덟 번째 재앙은 개구리, 이, 파리, 메뚜기가 무수히 번식하여 동물과 사람을 괴롭히는 재앙입니다.

이처럼 나일 강 주변의 생태계가 변하면서 여러 동물이 과다하게 번식하여 사람들을 괴롭히기 시작했습니다.

다섯 번째와 여섯 번째 재앙은 미생물의 번성과 관련이 있습니다. 이스라엘 민족을 노예로 삼고 억압한 죄, 이스라엘 민족을 보내라고 하신 하나님의 말씀을 거역한 죄 때문에 애굽에는 인간과 가축을 해롭게 하는 크고 작은 생물이 번성하였습니다. 무수한 가축이 죽었고, 사람과 가축들이 악성 종기로 고생하였습니다. 오늘날에도 조류 독감이나 구제역 등으로 많은 가축이 죽고 코로나19, 각종 독감, 여러 가지 감염병으로 사람들이 죽습니다. 각종 바이러스와 전염병, 이름 모를 병으로 수백만 명이 죽고 있는 우리 현실도 인류가 하나님 앞에서 죄를 짓고 있다는 것을 말해줍니다.

일곱 번째 재앙은 우박, 아홉 번째 재앙은 햇빛을 보지 못하는 것입니다. 두 재앙은 오늘날의 기후변화와 연관하여 생각하면 이해가 쉽습니다. 지구의 온도가 상승하면서 우리가 감당할 수 없는 일들이 벌어지고 있습니다. 극지방의 얼음이 녹아 해수면이 점점 높아지고 수개월 동안 꺼지지 않는 산불이 일어납니다. 극심한 추위와 더위가 찾아오고, 미세먼지와 오염물질이 많이 쌓여 하늘이 뿌옇게 변하고, 그것 때문에 햇빛이 사람에게 제대로 전달되지 않습니다. 이런 재해 역시 사람의 죄 때문입니다.

애굽에 내린 마지막 재앙은 애굽의 장자들이 죽는 재앙입니다. 끝까지 하나님을 거역한 바로 때문에 무수한 사람이 죽고 말았습니다. 오늘날 사람들의 죄 때문에 많은 동·식물이 멸종되었습니다. 그런데 동·식물만 죽지는 않을 것입니다. 다음은 우리, 사람 차례입니다. 사람이 지구상에서 멸종될 수도 있습니다. 애굽의 왕 바로처럼 끝까지 하나님의 말씀을 거부하면, 결국 거부하는 우리 자신이 망한다는 것을 잊지 않아야 합니다. 인류를 순식간에 망하게 할 수 있는 일들이 이미 우리 주변에서 일어나고 있습니다. 우리는 각성하고 회개해야 합니다. 어리석은

기후위기 앞에 선 그리스도인들에게

애굽 왕 바로는 끝까지 하나님의 말씀을 거역하다가 애굽의 많은 가축과 사람들을 죽음으로 몰아갔습니다. 그는 결코 하나님이 하시는 일을 막지 못했습니다.

하나님의 말씀에 순종하는 것이 가장 지혜롭고 복된 길입니다. 하나님께서는 우리를 복된 길로 인도하시려고 우리에게 생명의 말씀을 주시고 예수님을 보내주셨습니다. 우리가 하나님의 말씀과 예수님의 인도하심을 따라 살 때, 하나님이 주시는 복을 충만히 누릴 것입니다. 돈이나 기술에 의존하는 어리석은 생활 방식을 버리고, 오직 하나님의 말씀을 따라서 살아감으로 우리 자신과 세상을 살려야 하겠습니다. 🍃

천지만물을 창조하시고 운행하시는 하나님, 이 땅에 일어나고 있는 엄청난 자연재해 속에서 우리의 죄를 깨닫게 하옵소서. 우리에게 회개를 촉구하시고, 복된 주님의 말씀을 따르라고 하시는 주님의 음성을 듣게 하옵소서. 사람의 죄가 인류 전체를 죽음으로 몰아가오니, 지금 여기서 회개하고 생명의 말씀이신 예수님께로 돌아서게 하옵소서.

1. 주변에서 일어나는 자연재해와 여러 가지 전염병을 되돌아보고, 그것을 초래한 우리의 잘못된 삶의 방식을 돌아봅시다.

2. 동·식물의 멸종은 인류의 멸종의 전조 현상이라는 점을 두렵게 생각하고, 인류의 멸종을 막기 위해 지금 해야 할 일을 생각해봅시다.

땅을 더럽히는 것에 대한 벌

레위기 18:24-30

> 너희가 전에 있던 그 땅 주민이 이 모든 가증한 일을 행하였고, 그 땅
> 도 더러워졌느니라. 너희도 더럽히면, 그 땅이 너희가 있기 전 주민을
> 토함 같이 너희를 토할까 하노라 _ 레 18:27-28

땅의 소중함

미국에 러브 커낼(Love Canal)이라는 지역이 있습니다. 이 지역은 본래 운하를 만들려고 했던 곳인데, 미국에 경제 불황이 닥쳐 운하 공사가 중단되었습니다. 이후 이 지역은 쓰레기 매립지가 되었습니다. 한 화학 공장이 그곳을 사들인 후에 엄청나게 많은 유독성 화학물질을 이곳에 매립했습니다. 1953년에 주 정부는 그러한 사실을 모른 채 그곳을 사들여 신도시를 건설하였습니다. 그 후 30여 년이 흐른 후, 도시 밑에 묻혀 있던 폐기물이 점점 밖으로 흘러나오기 시작했습니다. 그로 인해 지역 주민의 3분의 1이 온갖 질병에 시달리고, 임산부들이 유산을 하며, 신생아의 절반 이상이 장애를 안고 태어났습니다. 그러자 시에서 토양오염 실태 조사를 시작하였고, 엄청난 오염물질이 땅에 묻혀 있다는 것을 알게 되었습니다. 미국 연방정부는 결국 이 지역 모든 주민을 다른 지역으로 이주시켰습니다. 그곳에 계속 살면 사람들이 다 죽을 수도 있기 때문입니다.

사람은 땅에서 나는 것을 먹고 삽니다. 알고 보면 사람이 먹는 곡식과 채소와 고기가 다 땅에서 나옵니다. 그러므로 땅이 사라지거나 더러

워지면 사람은 더이상 살 수 없습니다. 그런데 땅이 점점 오염되고 있습니다. 이 상태가 계속되면 지구에서 생명체가 살 수 없습니다.

하나님께서는 이스라엘 민족의 조상인 아브라함에게 장차 그의 후손이 큰 민족을 이루게 될 것과 그 민족에게 땅을 주실 것을 약속하셨습니다. 그 땅이 바로 가나안 땅입니다. 이스라엘 민족은 오랫동안 땅을 주실 것이라는 하나님의 약속이 이루어지기를 기도하였습니다. 하나님께서는 그 기도를 들으시고 이스라엘 민족을 애굽에서 이끌어 내십니다. 그런데 하나님은 이스라엘 민족을 가나안 땅이 아니라 시내산으로 이끄시고, 그곳에서 그들이 가나안 땅에서 지켜야 할 율법을 주십니다. 하나님께서 이스라엘 민족을 애굽에서 나오게 하시고, 그들이 살 가나안 땅을 선물로 주셨는데, 그 목적은 바로 율법, 하나님의 말씀을 지키는 것입니다.

땅을 더럽히는 사람들에 대한 벌

레위기 18장에는 이스라엘 민족이 따르지 말아야 할 타락한 성문화가 나옵니다. 그 문화는 이스라엘 민족이 장차 살아가게 될 가나안 사람들의 삶의 방식입니다. 간단히 말하면 욕심을 따라 사는 것입니다. 그들은 그들과 가장 가까운 사람들마저도 자신의 성적인 욕심을 채워주는 대상으로 삼았습니다. 하나님께서는 그런 삶을 절대로 따르지 말라고 하시며 그렇게 살면 어떻게 되는지 경고하십니다. 레위기 18장 24-25절을 보면 하나님께서는 가나안 사람들의 타락한 성문화가 사람과 땅을 다 더럽혔기에 그들을 가나안 땅에서 쫓아내시고 이스라엘 민족으로 하여금 그 땅에서 살게 하신다고 하십니다. "땅도 더러워졌으므로 내가 그 악으로 말미암아 벌하고"(레 18:25)라는 표현은 타락한 생활로 땅을 더럽힌 것에 대해 하나님께서 벌을 내리신다는 뜻입니다.

그런데 땅도 사람들에게 벌을 내립니다. 25절 마지막 부분 "그 땅도 스스로 그 주민을 토하여 내느니라." 땅은 자기를 더럽히는 사람들을 스스로 토해냅니다. 가나안 사람들은 땅을 더럽힌 그들의 죄악 때문에 하나님과 가나안 땅으로부터 버림받았습니다. 하나님은 이스라엘 민족에게 경고하십니다. "너희도 더럽히면 그 땅이 너희가 있기 전 주민을 토함 같이 너희를 토할까 하노라"(레 18:28). 가나안 민족들뿐만 아니라 이스라엘 민족도 땅을 더럽히면, 땅에서 쫓겨난다고 경고하셨습니다. 실제로 이스라엘 민족은 하나님의 경고를 무시하고 땅을 더럽히며 살다가 결국 가나안 땅에서 쫓겨났습니다. 하나님은 어느 민족이든지 땅을 더럽히면 그들이 살던 땅에서 더이상 살지 못하게 만드십니다. 우리는 땅을 더럽히는 일을 두렵게 생각해야 합니다.

그렇다면 땅을 더럽히지 않으려면 어떻게 해야 합니까? 물론 더러운 쓰레기를 땅에 버리지 않아야 합니다. 그렇다면 쓰레기를 함부로 버리지 않고 쓰레기봉투에 잘 담아서 버리면 땅이 더러워지지 않을까요? 그것은 아닙니다. 쓰레기가 발생하면 그 쓰레기를 어느 땅에든 버려야 합니다. 그리고 그렇게 버려진 쓰레기 때문에 땅은 더러워질 수밖에 없습니다. 중요한 것은 쓰레기를 덜 만드는 삶입니다. 그런데 쓰레기는 우리의 욕심에 비례하여 늘어납니다. 우리가 욕심을 부리면 부릴수록 쓰레기는 늘어날 수밖에 없습니다. 흔히 현대 사회를 소비 사회라고 부릅니다. 공장에서 끊임없이 만들어 낸 물건을 끊임없이 소비하는 것, 이것이 우리 사회가 움직이는 방식입니다. 그러다 보니 땅은 넘쳐나는 쓰레기로 몸살을 앓을 수 밖에 없습니다. 다시 말해서 욕심이 우리 사회를 이끌어가는 근본 동력이고, 이 때문에 쓰레기가 넘쳐나며 그것 때문에 땅이 더러워진다는 것입니다.

오늘 본문은 욕심이 아니라, 하나님이 주신 율법을 따라 살라고 말씀하십니다. 하나님이 주신 율법, 하나님의 말씀을 따라 살 때 우리가 사는 땅이 더러워지지 않습니다. 욕심을 따라 사는 사람은 소유하거나 소비하는 것을 인생의 목표로 삼습니다. 하지만 하나님의 말씀을 따르는

기후위기 앞에 선 그리스도인들에게

사람은 소유하는 것이나 소비하는 것에 관심이 없습니다. 그런 것이 없어도 얼마든지 즐겁고 행복하게 살 수 있기 때문입니다.

지금, 우리 삶의 방식은 가나안 땅에서 쫓겨난 가나안 사람들과 닮았습니다. 욕심을 앞세우고 욕심을 채우는 것을 목표로 삼고 사는 것, 욕심을 만족시켜줄 지도자를 찾는 것이 그렇습니다. 욕심을 채우느라 땅을 더럽히면 우리도 결국 이 땅에서 쫓겨날 것입니다. 땅을 더럽히는 삶의 방식을 버리고, 하나님의 말씀을 따라 땅을 거룩하고 깨끗하게 만들어 갑시다. 🌿

하나님, 욕심에 빠져 땅을 더럽히는 사람들이 땅에서 더 이상 살지 못하고 쫓겨날 것이라는 주님의 경고의 말씀을 듣게 하옵소서. 온갖 더러운 쓰레기를 배출하는 탐욕적인 삶의 방식에서 돌아서게 하옵소서. 욕심을 버리고, 주님의 말씀으로 우리의 마음과 삶을 깨끗하게 만들어가게 하옵소서. 깨끗하고 거룩한 삶으로 세상을 깨끗하게 변화시키게 하옵소서.

1. 우리 시대 토양오염의 현황과 오염 때문에 사람을 포함한 생명체들이 겪는 어려움에 대해 말해봅시다.

2. 땅을 더럽히는 근본 원인에 대해 말해 봅시다. 욕심을 버리고 절제할수록 쓰레기는 줄어듭니다. 우리가 절제해야 할 것들을 생각해봅시다.

땅의 안식

레위기 26:27-35

> 너희가 원수의 땅에 살 동안에 너희의 본토가 황무할 것이므로 땅이
> 안식을 누릴 것이라. 그 때에 땅이 안식을 누리리니, 너희가 그 땅에
> 거주하는 동안 너희가 안식할 때에 땅은 쉬지 못하였으나, 그 땅이
> 황무할 동안에는 쉬게 되리라 _ 레 26:34-35

쉼이 필요한 땅

이스라엘 민족은 애굽에서 해방된 다음 시내산에 1년여 머물면서 십계명을 비롯한 율법을 받았습니다. 십계명 중 네 번째 계명이 "안식일을 기억하여 거룩하게 지키라"입니다. 하나님께서는 일주일 중 엿새 동안은 열심히 일하되, 일곱째 날은 반드시 쉬라고 하였습니다. 이 계명은 신약 시대에도 영향을 미쳐서 우리 그리스도인들은 제 7일 대신 예수님이 부활하신 날인 일요일을 안식일로 삼고 쉼을 누립니다.

어떤 사람은 사람이 쉬어야 노동 생산성이 높아진다고 말합니다. 그런데 그리스도인들은 단지 일을 좀 더 잘하기 위해 쉬지는 않습니다. 우리가 쉬는 근본적인 목적은 욕망을 내려놓는 것입니다. 우리의 노동으로 농사를 짓거나 물건을 만들거나 업적을 세워서 부자가 되거나, 다른 사람으로부터 인정받고자 하는 욕망을 잠시 멈추는 것이 쉼의 목적입니다. 또한 우리가 살아 움직이고 삶을 영위할 수 있는 것은 우리의 노동 덕분이 아니라, 하나님의 은혜 덕분임을 고백하며 하나님을 찬양하기 위해서 쉽니다. 정기적으로 노동과 욕심을 멈추고 하나님을 예배

할 때, 우리는 하나님의 백성답게 살 수 있습니다.

레위기 25장 3-4절에는 안식년에 관한 규정이 나옵니다. 안식년 규정은 사람이 아니라 땅을 쉬게 하라는 말씀에서 시작합니다. 이 규정에 따르면 7년째 되는 해에는 농사를 지을 수 없습니다. 6년간은 땅에 파종하고 땅을 가꾸어 소출을 거둘 수 있지만, 7년째 되는 해에는 땅에 파종하거나 포도원을 가꾸지 않아야 합니다. 그렇게 해야 땅이 쉴 수 있습니다. 이 7년째 되는 해가 바로 안식년입니다. 안식년은 땅을 쉬게 하려고 사람이 쉬는 해입니다. 땅과 사람이 함께 쉬는 해입니다.

혹자는 땅이 살아 있는 존재도 아닌데 왜 쉬어야 하느냐고 말합니다. 땅은 살아 있는 존재입니다. 땅에는 흙만 있지 않습니다. 흙과 함께 많은 유기물과 미생물이 살고 있습니다. 어머니가 모태에서 생명을 키워내는 것처럼 땅도 자기 안으로 들어온 씨앗이나 모종을 싹틔우고 성장하게 하여 많은 열매를 맺게 합니다. 그런데 어떤 땅에서는 식물이 전혀 자라지 못합니다. 예를 들어 기름이나 화학제품으로 오염된 땅에는 무엇을 심어봐도 아무 소용이 없습니다. 그런 의미에서 땅에게도 쉼이 필요합니다. 땅이 쉬면 지력을 회복하고 깨끗해집니다. 자연현상에서 비롯되는 오염물질은 땅이 스스로 처리할 수 있습니다. 동·식물의 사체를 땅이 스스로 처리해서 땅의 양분으로 삼기도 합니다. 땅이 그렇게 스스로 자신을 깨끗하게 하도록 땅에게 쉴 시간을 주어야 합니다. 그렇지 않으면 땅이 더러워지거나 황폐해져서 사람에게 아무것도 내어주지 않을 것입니다.

레위기 25장 23절을 보면 하나님께서 땅은 다 당신의 것이라고 선언하시고 땅의 매매를 금지하였습니다. 우리 사회는 땅의 개인적인 소유를 인정하고 개인은 땅을 자기 욕망을 위해 더럽히고 파괴합니다. 이런 현실에서 그리스도인은 땅은 개인의 것이 아니고 하나님의 것이라고 고백하고 하나님의 것이기에 소중하게 여겨야 합니다. 땅을 자기 욕심을 이루는 도구로 삼지 않아야 합니다. 땅을 자기 마음대로 해도 된다

고 생각하고 땅을 더럽히고 땅을 파괴하는 것은 하나님께 대한 범죄입
니다.

땅을 쉬지 못하게 함으로 당하는 재앙

레위기 26장에는 레위기 전체를 마무리하며, 하나님이 주신 말씀을
따라 살면 복을 받고, 그렇지 않으면 재앙을 당한다는 말씀이 반복적으
로 나옵니다. 특별히 14절 이하에는 불순종할 때 받는 재앙이 나옵니다.
하나님 말씀대로 살지 않으면, 나라가 망하고 마을이 황폐하게 되고 땅
도 황무지가 될 것이라고 경고하였습니다. 이 경고대로 이스라엘 민족
은 하나님이 주신 율법을 거역하다가 그들이 본래 살던 가나안 땅에서
쫓겨납니다. 앗수르와 바벨론에게 망한 뒤에 그들은 가나안 땅에서 더
이상 살지 못했습니다. 그리고 그 땅을 짐승들이 차지하고 삽니다.

"너희가 원수의 땅에 살 동안에 너희의 본토가 황무할 것이므로 땅이
안식을 누릴 것이라. 그 때에 땅이 안식을 누리리니, 너희가 그 땅에 거
주하는 동안 너희가 안식할 때에 땅은 쉬지 못하였으나 그 땅이 황무할
동안에는 쉬게 되리라"(레 6:34-35). 이스라엘 민족이 가나안 땅에서 쫓
겨나 다른 나라에 흩어져 사는 동안 땅은 안식을 누릴 것이라는 말씀입
니다. 35절을 보면 이스라엘 민족이 가나안 땅에 거주하는 동안에는 땅
이 쉬지 못했습니다. 이는 이스라엘 민족이 안식년이나 희년을 지키지
않고 땅을 쉬지 못하게 했다는 뜻입니다. 땅을 쉬지 못하게 한 결과, 사
람들은 땅에서 쫓겨났습니다. 사람이 사라지자 땅은 비로소 안식을 누
렸습니다. 땅을 쉬게 하려고 하나님은 사람을 그 땅에서 몰아내 버리셨
습니다. 땅의 주인은 하나님이십니다. 하나님은 가나안 땅에서 주인 행
세하며 땅을 쉬지 못하게 한 이스라엘 민족을 쫓아내시고, 그 땅을 쉬
게 하셨습니다.

우리 시대에도 개발이 끊이지 않습니다. 산은 점점 줄어들고 공장과

아파트 단지는 늘어납니다. 사람이 땅을 그대로 놔두지 않고 계속 못살게 굽니다. 자동차나 공장에서 배출하는 온갖 오염물질이 물과 공기와 땅을 더럽힙니다. 그런 더러운 물질이 쉬지 않고 흘러나오기 때문에 땅은 제대로 쉬지 못하고 스스로 정화하지 못해, 점점 더러워집니다.

　사람이 땅을 쉬지 못하게 하고 괴롭히면, 결국 망하는 것은 사람입니다. 우리가 지금 사는 방식으로 계속 살면 우리는 결국 이 땅에서 쫓겨날 것입니다. 그런 일을 당하지 않으려면 쉬어야 합니다. 우리가 안식해야 땅도 쉬고, 자연도 쉴 수 있습니다. 개발을 멈추어야 합니다. 콘크리트나 아스팔트 때문에 제대로 숨을 쉬지 못하는 땅이 숨을 쉴 수 있도록 콘크리트나 아스팔트를 걷어내야 합니다. 🌿

하나님, 물질적인 욕망에 사로잡혀 오직 성장과 개발에 몰두하며 땅과 자연을 쉬지 못하게 하는 우리의 죄를 용서하여 주소서. 땅으로부터 쫓겨날 위기에 처한 우리에게 긍휼을 베풀어주소서. 주님의 말씀을 따라 우리가 쉼으로써, 더러워지고 피곤해진 땅과 자연세계가 본래 모습으로 회복하게 하소서.

1. 우리 때문에 쉬지 못하는 땅과 자연의 아픔과 슬픔에 대해 말해봅시다.

2. 사람을 쉬지 못하게 하고 끊임없이 일하게 하는 근본 원인에 대해 말해봅시다. 욕심과 경쟁을 그치고 모든 피조물이 함께 안식하는 세상에 대해 말해봅시다.

구름기둥과 불기둥을 따라

민수기 9:15-23

구름이 성막에서 떠오르는 때에는 이스라엘 자손이 곧 행진하였고,
구름이 머무는 곳에 이스라엘 자손이 진을 쳤으니, 이스라엘 자손이
여호와의 명령을 따라 행진하였고, 여호와의 명령을 따라 진을 쳤으
며, 구름이 성막 위에 머무는 동안에는 그들이 진영에 머물렀고
_ 민 9:17-18

구름기둥과 불기둥, 하나님의 말씀을 따라 사는 훈련

애굽에서 나온 이스라엘 민족은 가나안 땅으로 바로 가지 않고 시내
산, 또는 호렙산으로 갑니다. 그 산에 1년 동안 머물며 하나님께서 주
시는 율법을 받고 나서, 비로소 가나안을 향해 출발합니다. 시내산에서
가나안까지는 걸어가도 10여 일이면 충분히 갑니다. 그런데 이스라엘
민족이 가나안에 도착할 때까지 걸린 시간은 무려 40년이나 됩니다. 민
수기는 이스라엘 민족이 시내산에서 출발하여 가나안 땅이 보이는 모
압 평지에 이르는 여정을 기록하였습니다. 민수기 9장에는 이스라엘
민족의 40년 여정의 원칙이 담겨 있습니다. 이스라엘 민족은 가나안 땅
에 도착할 때까지 구름기둥과 불기둥의 인도와 보호를 받았습니다.

이스라엘 민족이 시내산에 머무는 동안에 하나님은 모세를 통해 성
막을 짓도록 하셨습니다. 성막은 오늘날 예배당과 비슷합니다. 이스라
엘 민족은 그 성막에 하나님이 머무신다고 믿고, 성막을 중심으로 살았
습니다. 이스라엘 민족이 광야에서 행진할 때에는 성막이 가장 앞에 있

었고, 머물러 쉴 때에는 성막이 이스라엘 민족의 중심에 있었습니다. 이스라엘 민족은 행진하거나 머물 때 항상 성막을 기준으로 삼았습니다. 하나님께서 그 성막 위에 낮에는 구름이 머물게 하시고, 밤에는 불 같은 것이 머물게 하였습니다. 이것을 구름기둥과 불기둥이라고 부릅니다.

민수기 9장 17절을 보면 구름이 성막에서 떠오르는 때에는 이스라엘 민족이 행진하고, 반대로 구름이 머무르는 때에는 이스라엘 민족도 진영 안에 머물렀습니다. 밤에는 불기둥이 구름기둥의 역할을 대신하였습니다. 그런데 구름기둥과 불기둥은 규칙적으로 움직이지 않습니다. 어느 때에는 행진을 멈춘 지 하루도 되지 않아 구름이 떠올라 다시 행진을 시작하게 하기도 하고, 1년 내내 구름이 머물러서 1년 동안 행진하지 않게 하는 때도 있었습니다(민 9:19-22). 하나님께서 구름기둥과 불기둥을 사용하여 이스라엘 민족에게 멈추라는 명령과 행진하라는 명령을 내리신 것입니다. 이스라엘 민족은 그 명령을 따라 진을 치고, 또 행진하였습니다(민 9:23).

이스라엘 민족이 40년 동안 광야 생활을 하게 된 결정적인 계기는 그들이 가데스바네아에서 하나님의 말씀에 불순종한 사건입니다. 가데스바네아에서 하나님은 가나안 땅으로 들어가라고 명령하셨지만, 이스라엘 민족은 가나안 땅에 거인들이 살고 있다고 하면서 하나님의 명령을 거부하고, 모세를 대신하는 새로운 지도자를 세워 애굽으로 돌아가려고 하였습니다. 이에 하나님께서 이스라엘 민족에게 벌을 내리셔서 오랫동안 광야 생활을 하도록 하였습니다. 이스라엘 민족이 하나님의 말씀을 따라서 행진하기도 하고 멈추기도 하는 민족으로 변화시키는 데에 40년이나 되는 시간이 필요했던 것입니다. 이스라엘 민족은 하루빨리 가나안 땅으로 가고 싶었을 것입니다. 먹을 것도 마실 것도 없는 광야에서 하루라도 빨리 벗어나고 싶었을 것입니다. 그렇게 자기들 욕심을 따라 살고 싶어 하는 이스라엘 민족을 하나님은 구름기둥과 불기둥을 사용하여 40년 동안 훈련하셨습니다.

하나님의 말씀을 따라 멈추어야 하는 시대

하나님은 이스라엘 민족이 가나안 땅에 들어가서 지켜야 할 율법을 주셨습니다. 하나님은 이스라엘 민족이 가나안 땅에 들어가서 자기들 욕심대로 살지 않고, 오직 당신 말씀을 따라서 살기를 원하셨습니다. 이것 때문에 하나님께서 이스라엘 민족을 40년 동안 광야에 머물게 하시면서 당신의 명령을 따라 행진하고 당신의 명령을 따라 멈추는 훈련을 하셨습니다. 다시 말하면 오직 당신의 말씀을 따라서 사는 훈련을 하게 하셨습니다.

하나님의 말씀을 따라 나아가기도 하고 멈추기도 하는 것이 가나안 땅에 들어가는 것보다 훨씬 더 중요합니다. 가나안 땅에 들어가 잘 먹고 잘사는 것보다, 그곳에서 하나님의 말씀을 따라서 사는 것이 더 중요합니다. 그것 때문에 가나안 땅에 들어가는 것을 40년이나 늦추면서까지 하나님 말씀을 따라 사는 훈련을 반복했습니다.

우리 시대에 많은 사람이 자기 욕심이나 원하는 것을 찾아다닙니다. 쉽게 만족하지 못하고 끊임없이 욕심을 채워줄 새로운 것을 찾아다닙니다. 그럴수록 인간은 자기의 욕심과 목적을 충족시키지 못하고 허무와 더 깊은 허기에 시달립니다. 하나님의 말씀을 따라 멈추고 나아가는 생활을 하지 않고 욕심 때문에 끊임없이 나아가기만 하는 생활을 한다면, 결국 우리는 파멸로 치닫게 될 것입니다. 현재 세계 모든 나라가 경제 성장이라는 목표를 앞세우고 오직 앞으로 나아가기만 합니다. 하나님의 말씀을 따라서 욕심을 멈추고 성장도 멈추어야 할 때가 있는데, 이러한 하나님의 뜻을 무시하고 오직 경제가 성장해야만 한다고 믿고 살아갑니다. 그 결과 지금 우리가 기후재앙을 당하고 있습니다.

계속 앞으로 나아가는 것이 하나님의 뜻은 아닙니다. 늘 즐겁고 화려하게 사는 것이 하나님의 뜻은 아닙니다. 때로는 멈추고, 때로는 가난해져야 합니다. 때로는 슬퍼하고 참회해야 합니다. 특히 기후위기 시대를 살아가는 그리스도인은 멈추라고 하시는 하나님의 뜻을 분별해야 합니다. 하나님은 기후재앙을 내리며 우리에게 멈추라고 말씀하십니다. 그리스도인들이 먼저 멈춤으로써 우리 이웃과 세상에 욕심과 성장을 멈추라고 하시는 하나님의 뜻을 전해야 하겠습니다. 🌿

하나님, 물질적인 풍요로움을 즐기는 삶에 푹 빠져 멈출 줄 모르고 성장만 추구하는 인류를 긍휼히 여겨 주소서. 성장만 추구하다가 온 인류가 망할 수도 있는 위기에 처해 있음을 깨닫게 하여 주소서. 주님께서 천지 만물을 통해 우리에게 멈추라고 말씀하시오니, 주님의 뜻을 깨닫고 멈추게 하소서. 부유하고 화려하게 살고자 하는 욕심을 그치게 하소서.

1. 우리 인생을 움직이는 힘은 무엇입니까? 우리는 무엇을 따라 살고 있습니까? 하나님의 말씀에 이끌려 살고 있습니까?

2. 전진하는 것만 하나님의 뜻이 아니고, 멈추고 후퇴하는 것도 하나님의 뜻입니다. 우리 시대의 현상 중 경제 성장을 멈추라는 하나님의 말씀을 들려주는 현상은 어떤 것입니까?

하나님의 말씀을 청종하기

신명기 28:1-6

네가 네 하나님 여호와의 말씀을 삼가 듣고 내가 오늘 네게 명령하는
그의 모든 명령을 지켜 행하면, 네 하나님 여호와께서 너를 세계 모든
민족 위에 뛰어나게 하실 것이라. 네가 네 하나님 여호와의 말씀을
청종하면 이 모든 복이 네게 임하며 네게 이르리니 _ 신 28:1-2

먹고 사는 것(경제)보다 소중한 하나님의 말씀

민수기 다음에 나오는 신명기는 40년 광야 생활을 마치고 이스라엘
민족이 가나안 땅에 들어가기 직전에 하나님께서 이스라엘 민족에게
주신 말씀입니다. '신명기'(申命記)의 뜻은 '거듭해서 주신 명령(율법)', 즉
제2의 율법, 두 번째 율법입니다. 이스라엘 자손이 40년 광야 생활을 하
는 동안, 애굽에서 나온 스무 살 이상의 모든 사람이 여호수아와 갈렙
을 제외하고는 다 죽고 새로운 세대가 전면에 나서게 되었습니다. 하나
님께서는 약속의 땅 가나안을 눈앞에 두고, 새로운 세대에게 이전 세대
에게 주신 율법을 다시 주시고, 새로운 세대와 다시 언약을 맺습니다.
이것이 신명기의 주요 내용입니다.

신명기는 이미 받은 율법을 잊지 말고 잘 지키라고 거듭 강조합니다.
신명기에서 가장 유명한 구절은 '쉐마'라고 알려진 신명기 6:4-9입니다.
이 구절을 보면 율법을 마음에 새기고, 그것을 자녀들에게 부지런히 가
르치고, 율법을 손목과 미간과 드나드는 문에 적어놓으라고 하십니다.
하나님이 이스라엘 민족에게 율법을 잊지 말라고 거듭 당부하시는 것

은 그들이 들어가서 살게 될 가나안 땅의 타락한 문화 때문입니다. 당시 가나안 사람들은 풍요와 다산을 가장 중요하게 여겼습니다. 물질적으로 풍요롭게 사는 것과 자녀를 많이 낳는 것(곡식의 생산, 가축의 번식을 포함하여)을 떠받들었습니다. 이런 문화 때문에 가나안 사람들은 도덕적으로 바르게 사는 것보다 경제적으로 풍요롭게 사는 것을 더 중요하게 여겼습니다. 하나님께서는 이스라엘 민족이 그러한 가나안 문화에 동화되지 않도록 가나안 땅에 들어가기 직전에 다시 율법을 주시고, 그 율법을 따라서 살아야 한다고 하셨습니다.

신명기 8장에는 하나님께서 이스라엘 민족을 광야에서 40년 동안 살게 하신 이유가 나옵니다. "너를 낮추시며 너를 주리게 하시며 또 너도 알지 못하며 네 조상들도 알지 못하던 만나를 네게 먹이신 것은 사람이 떡으로만 사는 것이 아니요, 여호와의 입에서 나오는 모든 말씀으로 사는 줄을 네가 알게 하려 하심이니라"(신 8:3). 하나님은 먹을 것이 없는 광야에서 40년 동안 이스라엘 자손을 먹이셨습니다. 어느 곳에 있든지 하나님의 말씀에 순종하면 먹고 사는 문제는 해결됩니다. 하나님은 "사람이 떡으로만 사는 것이 아니요, 여호와의 입에서 나오는 모든 말씀으로 산다"는 것을 깨닫게 하시려고, 먹을 것이나 입을 것이 없는 광야에서 40년 동안 훈련을 시키셨습니다. 먹고 사는 문제, 즉 경제 문제보다 하나님의 말씀에 순종하는 것이 더 중요합니다.

하나님의 말씀에 순종함으로 누리는 복

신명기 28장은 신명기 전체를 마무리하는 부분입니다. 28장 1-2절에는 하나님의 백성이 복을 받을 수 있는 조건이 제시됩니다. 그것은 하나님의 말씀을 삼가 듣고 그 말씀을 그대로 지켜 행하는 것입니다. 3-6절은 하나님의 말씀에 순종하는 사람이 받는 복을 나열합니다. 하나님 말씀에 순종하면 언제 어디서나 다양한 복을 받으며 삽니다. 신명기뿐만 아니라 성경 전체에서 경제적인 풍요로움보다 하나님의 말씀이 늘

앞섭니다. 마태복음 6장에서 예수님은 무엇을 먹을까 무엇을 마실까 염려하지 말라고 하시며, 하나님께 그러한 것을 달라고 기도하지 말고 그보다 먼저 하나님 나라와 그의 의를 구하라고 하십니다. 그리하면 하나님께서 모든 것을 넉넉하게 주신다고 하셨습니다. 신명기는 바로 이러한 순서, 즉 하나님의 말씀을 청종하는 것이 먼저이고 물질적인 풍요로움은 그에 뒤따르는 것임을 거듭 강조하였습니다.

오랫동안 노예 생활과 방랑 생활을 하였던 이스라엘 민족은 하루속히 가나안 땅에 정착해서 안정적으로 풍요로운 생활을 하고 싶어했습니다. 하지만 하나님께서는 안정적이고 풍요로운 생활 자체가 아니라, 하나님 말씀을 따라 사는 것이 목적이 되어야 한다고 말씀하셨습니다. 그런데 이스라엘 민족이 가나안 땅에 정착한 이후에 하나님 말씀을 청종하지 않고, 풍요와 다산을 앞세우는 가나안 사람들의 풍습을 따르기 시작합니다. 그러다가 하나님 말씀을 버립니다. 그 결과 가나안 땅에서 쫓겨납니다.

그런데 이런 일은 단지 이스라엘 민족에게만 일어나지 않습니다. 우리나라와 온 세계에도 이러한 일이 일어날 것입니다. 하나님의 말씀을 청종하지 않으면, 우리나라도 망하고 온 세계도 망할 것입니다.

우리 시대는 기후변화나 지구 온난화 때문에 새로운 경제 시스템을 만들어야 하는 과제를 안고 있습니다. 탄소 배출을 줄이는 방식의 에너지로 물건을 생산하고 소비해야 합니다. 하나님이 창조하신 세계를 더럽히고 파괴하는 방식이 아니라, 다시 회복시키고 살리는 방식으로 경제 구조를 바꿔야 합니다. '돈을 벌기 위한 경제'가 아니라, '생명을 살리기 위한 경제'로 전환해야 합니다. 돈을 버는 것이 곧 생명을 살리는 일과 직접 연결되지 않는다는 것을 우리 모두는 이미 경험을 통해 알고 있습니다. 물질적인 욕망을 버리고 하나님의 뜻을 먼저 생각하는 경제 구조를 만들어야 합니다. 그렇다면 이런 경제체제는 어떻게 만들어지겠습니까? 성경적으로 말하면 아주 간단합니다. 욕심이나 돈보다 하나님의 말씀과 하나님의 뜻을 앞세우면 됩니다. 하나님 말씀을 청종하는 것을 앞세우면 그것으로 충분합니다.

자본주의나 물질만능주의에 물든 사람에게는 이 일이 절대 쉽지 않습니다. 돈이나 성장이 없으면 도무지 움직이지 않는 사람들은 하나님의 말씀을 청종하지 못합니다. 그러므로 그리스도인들이 앞장서야 합니다. 하나님의 말씀에 순종하는 것이 우리와 온 세상을 살리는 복된 길임을 확신하고, 언제 어디서나 돈보다 하나님의 말씀을 앞세우며 살아가십시오.

하나님, 주님 말씀을 청종하는 것이 우리와 온 나라와 온 세상을 복되게 하는 유일한 길임을 믿습니다. 우리가 욕심을 채우기 위해 살지 않게 하옵소서. 더 많은 돈을 벌기 위해서 살지 않고, 오직 주님의 말씀을 청종하기 위해 살게 하소서. 재물과 성장만을 추구하다가 오히려 창조세계가 고통 받고 있사오니, 회개하고 주님의 말씀을 따라서 재물을 얻는 경제가 아니라 생명을 살리는 경제체제를 세우게 하소서.

1. 풍요와 다산을 추구하던 가나안 사람들과 오늘 우리 시대 사람들을 비교해봅시다. 경제적인 풍요를 우상처럼 떠받드는 사람들 때문에 세상이 어떻게 망가지고 있는지 생각해봅시다.

2. "사람이 떡으로만 사는 것이 아니요, 여호와의 입에서 나오는 모든 말씀으로 산다"(신 8:3)는 말씀을 오늘 우리 시대에 적용하여 해석해봅시다.

2

길

땅, 하나님의 선물

여호수아 5:1-12

> 또 그 땅의 소산물을 먹은 다음 날에 만나가 그쳤으니, 이스라엘
> 사람들이 다시는 만나를 얻지 못하였고 그 해에 가나안 땅의 소출을
> 먹었더라 _ 수 5:12

땅을 선물로 주시는 하나님

땅 가장 윗부분을 표토층이라고 부릅니다. 표토층에는 공기가 잘 통하고 수분이 있고 좋은 유기물이 있어야 농사를 지을 수 있습니다. 그러나 지금 자연재해나 토양오염, 도시화 같은 여러 가지 이유로 지구상에서 농사지을 수 있는 땅이 점점 줄어들고 있습니다. 이런 일이 계속되면 곧 식량 부족 현상이 생길 것입니다. 땅 중에서도 농사지을 수 있는 좋은 땅을 잘 보전하지 않으면 인류의 미래는 없습니다.

여호수아는 이스라엘 민족이 젖과 꿀이 흐르는 땅, 농사짓기에 좋은 땅인 가나안을 차지하는 이야기입니다. 여호수아 5장 10-12절을 보면 이스라엘 민족이 가나안 땅에 들어가 유월절을 지키는 이야기가 나옵니다. 유월절은 이스라엘 민족이 애굽에서 해방된 것을 기념하는 날입니다. 유월절을 지킴으로써 이스라엘 자손은 자신들이 하나님의 구원의 은혜를 입은 하나님의 백성이라는 사실을 깨닫습니다. 유월절을 지킨 후에 이스라엘 자손은 의미 있는 일을 합니다. 그것은 그 땅에서 나는 소산물을 먹는 것입니다. 이것 때문에 유월절은 곡식을 처음 얻는

것과 연관된 절기가 됩니다. 유월절은 애굽에서 해방된 것을 기념하는 절기이면서, 동시에 첫 곡식을 얻은 것에 대해 감사하는 절기이기도 합니다.

이스라엘 민족은 가나안 땅에 들어오기 전에 하나님이 주시는 만나와 메추라기를 먹고 살았습니다. 그러나 가나안 땅에 들어와서 그 땅이 내어주는 소산물로 음식(무교병과 볶은 곡식)을 먹게 되자, 하늘에서 내려오던 만나가 그쳤습니다. 하나님께서 가나안의 땅을 통해 다시 이스라엘 민족을 먹여주셨다는 의미입니다. 땅은 하나님의 은혜의 통로입니다.

하나님께서는 이스라엘 민족의 조상인 아브라함에게 두 가지 복을 약속하셨습니다. 첫째는 후손이 번성하는 것이고, 다른 하나는 땅입니다. 그 약속대로 아브라함의 후손은 애굽에서 크게 번성하여 이스라엘 민족을 이루었고, 가나안 땅을 선물로 받았습니다. 여호수아서는 하나님의 이 두 가지 약속이 마침내 다 이루어졌음을 보여줍니다. 이후 이스라엘 민족은 수백 년 동안 그 가나안 땅에서 땅을 통해서 베푸시는 하나님의 은혜를 누리며 살았습니다.

하나님은 이스라엘 민족뿐만 아니라 다른 여러 민족에게도 땅을 주시고 그 땅에서 나는 것으로 먹고 살게 하십니다. 우리 민족에게는 만주와 한반도 땅을 주시고 그 땅에서 수천 년 동안 살게 하셨습니다. 땅은 하나님이 사람에게 주신 가장 귀한 선물입니다. 우리는 이 선물을 소중하게 여기고, 땅을 대할 때마다 하나님께 감사해야 합니다. 이스라엘 민족이 땅의 첫 소산을 먹으며 하나님께 감사한 것처럼, 우리도 땅에서 나는 것들을 먹을 때마다 하나님께 감사해야 합니다. 나아가 이 땅을 잘 보전해서 우리의 후손도 이 땅을 통해 복을 받게 해야 합니다.

땅을 소중하게 여기고, 땅을 주신 하나님께 감사하기

땅을 하나님이 주신 선물로 여기지 않고 우리 개인의 소유물로 삼고,

땅을 자기 마음대로 더럽히고 파괴하는 것은 땅을 선물로 주신 하나님을 모욕하는 것입니다. 나아가 그렇게 땅을 더럽히고 파괴하면 결국 망하는 것은 사람입니다.

지구상에서 농사지을 수 있는 땅이 점점 줄어들고 있습니다. 땅이 침식되거나 오염되고 도로, 아파트, 공장 등을 건설하느라고 엄청나게 많은 땅이 파괴되고 있습니다. 각종 재해와 기후변화 때문에 사막으로 변하고 황폐해지는 땅도 점점 많아지고 있습니다. 이런 현상의 근본적인 원인은 사람의 욕심입니다. 좀 더 부유하고 편안하게 살고자 하는 사람의 욕심 때문에 땅이 더러워지고 파괴됩니다. 하나님께서 땅을 통해서 주시는 은혜에 만족하지 못하고 땅을 이용해 좀 더 많은 것과 좀 더 즐거운 것을 얻으려고 할 때, 땅은 오염되고 파괴됩니다. 땅의 오염과 파괴는 하나님의 선물을 더럽히고 파괴하는 것이요, 곧 우리의 삶을 더럽히고 파괴하는 것입니다. 우리에게 먹을 것을 제공하는 땅을 더럽히고 파괴하면 누가 피해를 보겠습니까? 당연히 사람입니다.

도시에서 땅을 한 번도 밟지 않고 사는 사람들은 땅을 통해 하나님께서 베풀어주시는 은혜를 잘 모릅니다. 땅에 대해 감사할 줄도 모릅니다. 땅 위의 흙을 보며 신발이 더러워질 것을 염려하고 불평하며 콘크리트나 아스팔트로 포장해달라고 하는 사람도 많습니다. 그런데 만약 우리가 사는 땅이 다 아스팔트나 시멘트로 덮이면 무슨 일이 벌어지겠습니까? 먹을 것을 제공하는 식물이 없으니 사람은 굶어야 합니다. 산소를 생산하는 식물이 없으니 사람은 호흡할 수 없습니다. 이산화탄소를 흡수하는 식물이 없으니 지구의 온도는 급상승할 것입니다. 땅에서 식물이 자라지 않은 인류는 종말을 맞이합니다.

지금은 땅을 콘크리트로 덮기보다 오히려 땅을 덮은 콘크리트를 걷어내야 할 때입니다. 곡식을 생산하는 논과 밭, 나무가 자라는 숲이 많아야 하나님이 우리에게 주신 땅을 오랫동안 잘 보전할 수 있고, 그 땅을 통해서 우리가 하나님의 은혜를 더욱 충만히 누릴 수 있습니다.

그동안 인간은 대도시를 만들고, 대규모 공장을 지으면서 물질적으로 너무 풍요롭게 살았습니다. 그러는 동안 너무 많은 땅이 오염되고 파괴되었고, 그 대가로 오늘날 우리는 기후위기, 생태계 붕괴라는 엄청난 재앙을 겪고 있습니다. 우리가 이 재앙에서 벗어나려면 반드시 땅을 회복시켜야 합니다. 콘크리트와 아스팔트를 걷어내고 땅에서 다양한 식물이 자라도록 해야 합니다. 더 이상 땅을 돈벌이의 수단으로 삼지 말고, 생명이 자라는 곳으로 되돌려야 합니다. 땅이 온전히 회복되면 인류가 도시화나 공업화를 통해 얻으려고 했던 것보다 훨씬 더 좋은 것을 하나님이 우리에게 주실 것입니다. 🌿

우리에게 땅을 선물로 주신 하나님, 땅을 통해 우리에게 먹을 것과 입을 것과 온갖 좋은 것을 주시는 하나님, 감사합니다. 사람의 욕심 때문에 하나님이 선물로 주신 땅이 더러워지고 파괴되고, 우리 후손들이 살아갈 삶의 터전이 망가집니다. 하나님, 땅을 파괴하면서까지 소유욕을 채우려는 우리를 불쌍히 여겨 주셔서, 우리가 탐욕으로부터 돌아서서 주님이 우리에게 선물로 주신 땅을 회복시키는 일에 앞장서게 하소서.

1. 아스팔트와 콘크리트로 뒤덮여 있는 세상에서 사느라 땅의 소중함을 잊고 있는 우리의 현실에 대해 반성하며, 땅을 통해 주시는 은총에 대해 이야기 해봅시다.

2. 땅은 하나님이 주신 가장 소중한 선물입니다. 땅을 소중하게 여기고 보전하는 삶의 방식에 대해 말해봅시다.

다산과 풍요를 추구하다가 망한 이스라엘

사사기 6:1-10

> 이스라엘이 파종한 때면 미디안과 아말렉과 동방 사람들이 치러
> 올라와서, 진을 치고 가사에 이르도록 토지 소산을 멸하여 이스라엘
> 가운데에 먹을 것을 남겨 두지 아니하며, 양이나 소나 나귀도
> 남기지 아니하니 _ 삿 6:3-4

땅을 통해 주시는 하나님의 은혜를 누리지 못하게 된 이스라엘

사사기는 사사가 다스리던 시대의 이야기입니다. 이 시대에는 같은 일이 반복해서 일어났습니다. 가나안 땅에 정착한 이스라엘 민족이 하나님의 말씀에서 벗어나 죄를 지으면, 하나님께서 외적을 동원해서 이스라엘 민족에게 벌을 내리십니다. 벌을 받은 이스라엘 민족이 자기들의 죄를 깨닫고 회개하면, 하나님께서 사사를 세워 이스라엘 민족을 구원하십니다. 문제는 이렇게 해서 나라가 평화롭게 되면 다시 사람들이 하나님의 말씀을 떠나 죄를 저지른다는 것입니다. 그리고 앞서 말씀드린 일들이 다시 반복됩니다. 사람들의 죄는 점점 쌓여가고 하나님과의 관계도 계속 멀어져 갔습니다. 사사기에서는 이런 시대의 모습을 다음과 같이 결론짓습니다. "그때에 이스라엘에 왕이 없으므로 사람이 자기 소견에 옳은 대로 살았다"(삿 21:25).

사사기 6장 1-10절은 기드온이 사사로 부름을 받기 전에 일어난 일입니다. 성경은 이스라엘 민족이 하나님 앞에서 악을 행함으로, 하나님께서 그들을 미디안 민족에게 7년 동안 지배를 받게 하셨다고 합니

다. 이스라엘 민족은 미디안 군대가 두려워서 산으로 올라가서 굴을 파고 삽니다. 이스라엘 민족이 자기 땅에서 쫓겨난 것과 마찬가지입니다. 게다가 땅에서 얻는 농산물과 축산물을 다 빼앗깁니다. 미디안뿐만 아니라 아말렉과 동방 사람들까지 이스라엘 땅으로 와서 농산물과 축산물을 다 빼앗아 갔습니다. 이스라엘 민족이 가나안 땅에 들어온 이후로 하나님께서 땅을 통해 이스라엘 민족에게 은혜를 베풀어주셨는데, 그 은혜를 외적들이 다 가로채 갔습니다. 이스라엘 민족은 땅을 통해서 주시는 하나님의 은혜를 더 이상 누릴 수 없게 되었습니다.

왜 이런 일이 벌어졌습니까? 그것은 땅을 선물로 주시고, 그 땅을 통해 은혜를 베풀어주신 하나님 앞에서 악을 저질렀기 때문입니다. 사람은 하나님이 선물로 주신 땅을 받아 삽니다. 그런데 사람이 그 땅에서 자기의 욕심을 앞세우고 범죄를 일삼으면 하나님은 더 이상 땅을 통해 은혜를 베풀지 않으십니다. 오늘 우리 시대에 기후재앙이 자주 일어나 땅에서 나는 소산물을 빼앗아 갑니다. 우리는 그것을 우리가 범한 죄에 대한 하나님의 벌로 받아들이고, 회개하고 우리 삶의 방식을 고쳐야 합니다. 그렇지 않으면 우리는 이 땅에서 나는 것들을 전혀 얻지 못하고, 이 땅에서 살지 못하게 될 것입니다.

다산과 풍요를 추구하다가 망한 이스라엘

사사기 6장 6절을 보면 이스라엘 민족은 이민족의 침략을 받는 것이 힘들어 하나님께 도와 달라고 부르짖습니다. 이전에는 하나님께 부르짖으면 하나님이 바로 사사를 세우시고, 사사를 통해 구원하셨습니다. 그런데 이번에는 하나님께서 사사보다 먼저 선지자를 보내 이스라엘 민족의 죄를 깨닫게 하십니다.

6장 7절 이하 말씀은 선지자가 하나님의 말씀을 전하는 이야기입니다. 10절을 보면 하나님께서 특별히 지적한 죄가 있습니다. "내가 또 너희에게 이르기를 나는 너희의 하나님 여호와이니 너희가 거주하는 아모리 사람의 땅의 신들을 두려워하지 말라 하였으나, 너희가 내 목소리를 듣지 아니하였느니라 하셨다 하니라." 하나님은 '아모리 사람의 땅의 신들'을 두려워하지 말라고 하셨습니다. 아모리 사람은 가나안에 살고 있던 일곱 민족 중 하나입니다. 아모리 사람의 신은 곧 가나안 사람의 신입니다. 그런데 가나안 사람들이 섬기는 신은 땅의 신들입니다. 농사의 신들이라고도 부르는데 대표적인 신이 바알과 아세라입니다. 가나안 사람들은 바알과 아세라 신을 열심히 섬기면 그 신들이 땅에서 많은 소출을 거두게 해 준다고 믿었습니다. 풍요와 다산을 가져다준다고 믿은 것입니다. 가나안 사람들이 섬기던 신은 사람을 바르게 살게 하는 신이 아닙니다. 단지 다산과 풍요를 주는 신이요, 사람들의 욕심을 채워주는 신입니다. 그런 신을 섬기다 보니 가나안 사람들은 마음껏 죄를 저질렀습니다. 그것 때문에 땅이 더러워졌고, 결국 그 땅에서 쫓겨나고 말았습니다. 하나님은 이스라엘 민족에게 땅의 신들을 섬기지 말고, 두려워하지 말라고 하심으로 가나안에 본래 살던 민족의 전철을 밟지 않기를 바라셨습니다.

그런데 이스라엘 민족도 같은 길을 가고 맙니다. 그들은 땅에서 좀 더 많은 농산물과 축산물을 얻으려고 가나안 사람들이 섬기던 땅의 신들을 섬기며 풍요와 다산을 추구하였습니다. 그 결과 그들은 자기들이 살던 곳에서 쫓겨나 산에서 굴을 파고 살았습니다. 그들이 밭에 파종하고 돌본 농작물을 다른 민족이 와서 다 가져가 버렸습니다. 땅을 통해 베풀어주시는 하나님의 은혜를 하나도 받지 못하게 된 것입니다.

오늘 우리 시대에도 땅의 신들을 섬기는 사람들이 많습니다. 가나안 사람들처럼 풍요와 다산을 누리고 싶어합니다. 그리고 그것 때문에 범죄를 저지르고 땅을 더럽힙니다. 이처럼 경제적으로 부유하게 되는 것만 추구하면 결국 망하고 맙니다.

우리 시대에 잘 먹고 잘사는 것에만 관심을 두는 나라와 기업과 개인이 너무 많습니다. 이러한 시대에 그리스도인들은 어떻게 살아야 하겠습니까? 풍요와 다산을 추구하는 이 세상에 하나님의 말씀을 전해야 합니다. 경제 발전만 앞세우면 망하고, 하나님의 말씀대로 살아야 복을 받고 지속가능한 세상이 이루어진다고 큰소리로 외쳐야 합니다. 하나님의 말씀을 전할 뿐만 아니라, 앞장서서 하나님의 말씀을 따라 살아야 합니다. 풍요와 다산을 포기하고 가난과 불편을 감수해야 합니다. 부자가 되려고 하지 말고 하나님의 말씀대로 살려고 애씀으로 하나님이 창조하신 이 세계를 아름답게 보전하고 세계를 통해 베푸시는 하나님의 은혜를 우리 후손들까지 대대로 누리며 살도록 해야 하겠습니다. 🕊

하나님, 물질적인 풍요로움만 추구하다가 망한 이스라엘 민족의 역사를 우리가 잊지 않게 하소서. 경제 발전만 추구하다가 땅이 더러워지고 기후변화가 심해져 망해가고 있는 우리의 현실을 두려운 마음으로 바라보게 하소서. 우리가 회개하고 물질적인 욕망을 떨쳐버리고, 오직 하나님의 진리의 말씀을 선택하고, 그 말씀을 따라서 살게 하소서.

1. 기후변화로 인해 농사짓기가 점점 어려워집니다. 하나님께서 땅을 통해 베푸시는 은혜가 점점 줄어듭니다. 이러한 현실에 대해 성찰해봅시다.

2. 풍요와 다산, 경제적인 풍요로움을 최고의 가치로 여기는 우리 사회의 행태에 대해 비판해봅시다. 경제적인 풍요로움보다 하나님의 말씀을 더 높이는 세상을 꿈꾸어봅시다.

절망을 희망으로 바꾸시는 하나님

롯기 1:1-6,22

나오미가 모압 지방에서 그의 며느리 모압 여인 룻과 함께 돌아왔는
데, 그들이 보리 추수 시작할 때에 베들레헴에 이르렀더라 _롯 1:22

절망에 빠진 이스라엘과 나오미 가정

세계적으로 유명한 환경운동가, 그레타 툰베리는 아주 어릴 적부터
기후변화에 대한 공부를 시작했는데, 공부하다가 그만 우울증에 걸렸
다고 합니다. 공부하면 할수록 인류의 미래가 암울하다는 것을 절감하
였기 때문입니다. 감사하게도 그는 우울증을 극복하고 열다섯 살 때부
터 본격적으로 환경운동을 시작했습니다.

롯기는 이스라엘 역사에서 절망적인 시기를 배경으로 하는 말씀입
니다. 사사 시대에 나라와 사람들이 점점 타락했고 각자 자기 소견에
옳은 대로 사는 시대가 되어, 이스라엘 민족은 점점 더 깊은 어둠에 빠
졌습니다. 사사기 후반부를 보면, 사람들이 우상을 만들어 숭배하고,
집단적으로 강간과 살인을 저지르고, 민족의 내분이 일어나 베냐민 지
파 전체가 사라질 위기에 빠졌습니다. 롯기는 그런 어두운 시대에 빛을
비추어주는 이야기입니다.

이스라엘 땅에 흉년이 들자 베들레헴에 살고 있던 엘리멜렉이라는
사람이 부인 나오미와 두 아들, 말론과 기룐을 데리고 이웃 나라인 모
압으로 이주하였습니다. 흉년 때문에 가난해진 사람들을 나라가 제대
로 돌보지 못했고, 그 때문에 사람들이 나라를 떠나기 시작했습니다.

엘리멜렉 가정이 오죽하면 이방인의 땅, 모압으로 이주했겠습니까? 어두운 시대가 엘리멜렉 가정과 같은 작은 가정들조차 깊은 절망으로 몰아간 것입니다. 그런데 모압으로 간 엘리멜렉 가정은 그만 더 깊은 절망에 빠지고 맙니다. 가장 엘리멜렉이 죽고 나오미의 두 아들, 말론과 기룐마저 죽고 맙니다. 집안의 남자들이 다 죽었습니다. 옛날, 남자가 중심이 되는 가부장제 시대에 집안의 남자가 모두 죽었다는 것은 제대로 권리를 누릴 수 없고 시간이 지나면 사라져 버리는 절망적인 가정이 되었다는 뜻입니다. 모압으로 이주한 엘리멜렉 가정은 이처럼 희망이 없는 가정이 되고 말았습니다.

그런데 하나님께서 이스라엘 민족에게 양식을 주셨다는 소식이 나오미에게 들려왔습니다(룻 1:6). 그 소식을 들은 나오미는 모압을 떠나 다시 고향으로 돌아가기로 합니다. 남편도 잃고 아들도 잃은 모습으로 고향 사람들을 다시 만나는 것이 부담스러울 수 있었지만, 더 이상 나빠질 수 없는 절망적인 상태였기 때문에 개의치 않았습니다. 이때 나오미가 모압에서 맞이한 며느리 중 하나인 룻도 베들레헴으로 함께 돌아옵니다. 그들이 고향으로 돌아온 때는 보리를 거두기 시작할 때였습니다(룻 1:22). 보리를 거두기 시작했다는 것은 하나님께서 흉년을 지나가게 하시고, 다시 땅으로부터 곡식을 얻게 하셨다는 뜻입니다. 지도자나 사람들 모두 타락해서 온 나라가 깊은 절망에 빠져갔지만, 하나님은 이스라엘 민족을 버리지 않으시고 그들에게 다시 일어설 수 있는 희망을 주십니다.

절망적인 가정을 사용하여 희망을 주시는 하나님

주목할 것은 하나님이 이스라엘 민족에게 희망을 주시기 위해 사용하신 것이 바로 남자들이 다 죽어버린 절망적인 나오미와 룻의 가정이라는 사실입니다. 남편 없는 사람을 흔히 과부라고 부릅니다. 과부는 사회적 약자의 대명사이기도 합니다. 그들은 단지 개인적으로 불행한 일을 겪어서, 개인적으로 실패해서 과부가 된 사람들이 아닙니다. 많은 경우 그들은 민족의 범죄와 지도자들의 타락이 가져온 혼란이 만들어 낸 피해자들이었습니다. 하나님은 이러한 과부 중 하나인 나오미와 룻을 사용하십니다.

사회적 약자를 어떻게 대하느냐가 이스라엘 민족의 미래를 좌우합니다. 고향으로 돌아온 나오미와 룻을 불행한 사람, 실패한 사람으로 규정하고 무시할 수 있습니다. 하나님이 주신 가나안 땅을 떠났다가 벌은 받은 사람으로 여길 수도 있습니다. 룻를 더러운 이방인으로 규정하고 멀리할 수도 있습니다. 나오미와 룻 모두 이스라엘 민족에게 환영받을 만한 사람도 아니고, 환영받을 만한 일을 하거나 업적을 세우지도 않았습니다. 그런 이유로 두 사람을 무시했다면 이스라엘 민족은 절망에서 벗어나지 못했을 것입니다.

그러나 나오미와 룻을 환영하고 그들에게 사랑을 베푼 사람이 있었습니다. 그는 보아스입니다. 보아스는 엘리멜렉의 친척입니다. 그는 나오미와 룻을 자신이 책임져 할 사람들로 여기고 두 사람을 돌봅니다. 보아스는 엘리멜렉 집안의 빚을 갚아주고, 엘리멜렉의 재산을 되찾아서 나오미와 룻에게 주었습니다. 그리고 당시 관습을 따라서 보아스는 룻을 아내로 맞이하여, 둘 사이에서 태어나는 자녀들이 엘리멜렉 집안의 대를 이어가도록 하였습니다. 이렇게 회복된 엘리멜렉 집안에서 위대한 임금이 태어나는데, 그가 바로 다윗입니다. 다윗은 룻의 증손자입니다. 다윗에 이르러 어두웠던 사사 시대는 막을 내리고 이스라엘 민족은 역사적으로 가장 번영하는 시대를 맞이합니다. 몰락하고 벌을 받은 것처럼 보였던 엘리멜렉 집안을 통해 이런 일이 일어날 것이라고 누가 상상할 수 있었겠습니까? 보아스도 그런 일을 내다보지 못했을 것입니다. 다만 당시 절망의 시대에 자기 나라에서 살지 못하고 이민을 떠나고 또한 철저하게 실패한 나오미와 룻을 사랑으로 돌본 것뿐입니다. 이처럼 보아스가 사회적 약자를 잘 돌봄으로써 이스라엘 민족의 역사가

기후위기 앞에 선 그리스도인들에게

뒤바뀌는 위대한 일이 일어났습니다.

　나오미와 룻의 이야기가 담긴 룻기는 우리가 사회적 약자를 어떻게 대하느냐에 따라 공동체의 미래가 결정된다는 것을 보여줍니다. 오늘날 기후변화로 인한 재앙이 세계 도처에서 일어납니다. 그 때문에 목숨이나 건강, 삶의 터전을 잃는 사람이 많습니다. 이런 사람들을 '기후 약자'라고 부릅니다. 우리는 룻기를 통해 오늘의 절망적인 세상에 희망의 빛을 비추는 사람이 등장한다는 것을 깨달아야 합니다. 기후변화로 인해 가난과 죽음에 내몰리는 사람들을 잘 돌볼 때, 어두운 시대를 이겨낼 희망을 찾을 수 있다는 것을 깨달아야 합니다. 사실 사람의 힘으로 기후위기를 벗어나는 건 어렵습니다. 그러나 우리가 기후위기 시대의 절망에 깊이 참여할 때, 하나님께서 우리에게 긍휼을 베풀어주실 것입니다. 하나님은 절망을 희망으로 바꾸시는 분이기 때문입니다. 🌿

　가난하고 연약한 자와 함께 하시는 하나님, 우리의 죄악으로 이 시대 수많은 이들이 고통을 겪고 있습니다. 우리가 그들과 함께하고 그들을 사랑함으로써 그들 가운데 계시는 주님을 사랑하게 하옵소서. 이 세상을 포기하지 않으시고 구원하시는 주님께 간절한 마음으로 우리 시대의 사회적 약자들을 위해 기도하게 하옵소서.

1. 우리 시대 기후 약자들이 겪는 고통과 그들의 절망적인 상태에 대해 말해봅시다. 해수면의 상승 등의 이유로 삶의 터전을 잃고 있는 지역과 사람들에 대해 공부해봅시다.

2. 기후위기로 고통을 겪는 이들의 고통에 참여하고 그들을 돕는 방법에 대해 나누어봅시다.

중심을 보시는 하나님

사무엘상 16:1-13

> 여호와께서 사무엘에게 이르시되 그의 용모와 키를 보지 말라. 내가
> 이미 그를 버렸노라. 내가 보는 것은 사람과 같지 아니하니, 사람은
> 외모를 보거니와 나 여호와는 중심을 보느니라 하시더라
>
> _ 삼상 16:7

중심을 보시는 하나님

가자지구와 우크라이나에서 벌어지는 전쟁이 심각합니다. 전쟁이나 무기도 무섭지만, 그런 무기를 만들고 사용하는 사람은 더 무섭습니다. 인류와 지구 생명 공동체를 위협하는 최대의 적은 바로 사람입니다. 세상에 사람처럼 무서운 것이 없습니다. 사람이 못된 마음을 먹고 핵무기를 사용하기 시작하면 지금 당장 지구상의 모든 생명체가 다 사라질 수도 있습니다. 그러므로 사람이 마음을 바르게 하고 좋은 사람이 되는 것이 우리 인류와 지구의 미래를 위해서 가장 필요한 일입니다.

사사 시대에 온 나라가 깊은 절망에 빠질 때, 하나님께서는 나오미와 룻, 보아스라는 사람을 통해 새로운 미래를 열어갈 준비를 하셨습니다. 하나님은 그 가정에서 다윗이라는 위대한 왕이 태어나게 하십니다. 사무엘상 16장은 사무엘에 의해 다윗이 왕으로 세움 받는 이야기입니다. 사무엘은 하나님의 명령을 따라 사울이라는 사람을 이스라엘의 초대 왕으로 세웠습니다. 사울 왕은 초기에는 하나님의 말씀에 순종하여 나라를 잘 이끌지만 얼마 지나지 않아 자기 마음대로 권력을 행사하는 사

람이 되고 맙니다. 사울 왕은 하나님께 버림을 받습니다. 하나님은 사무엘을 시켜 새로운 왕을 찾게 하셨습니다.

사무엘은 은밀하게 새로운 왕을 찾기 위해 이새의 집으로 갔습니다. 이새에게는 아들이 여덟 명이나 있었습니다. 사무엘은 그들을 각각 만나서 왕이 될 만한 사람인지를 심사하고, 적합하다고 판단되는 사람에게 기름을 부어 왕으로 세우고자 하였습니다. 이새의 장남 엘리압이 사무엘 앞에 섰을 때, 사무엘은 '여호와의 기름 부으실 자가 과연 주님 앞에 있도다'라고 생각했습니다. 하지만 하나님의 생각은 달랐습니다. "여호와께서 사무엘에게 이르시되 그의 용모와 키를 보지 말라. 내가 이미 그를 버렸노라. 내가 보는 것은 사람과 같지 아니하니 사람은 외모를 보거니와 나 여호와는 중심을 보느니라 하시더라"(삼상 16:7). 하나님은 사무엘에게 용모와 키를 보지 말라고 하시고, 당신은 사람의 외모가 아니라 중심을 본다고 하셨습니다. 그리고 마침내 사무엘이 이새의 막내아들인 다윗을 만났을 때, 하나님은 그가 바로 당신이 선택한 사람이라고 하시며 그에게 기름을 부으라고 하셨습니다. 이는 다윗을 왕으로 선택하셨다는 뜻입니다. 하나님은 성령님을 보내서 다윗을 감동시키셨습니다. 성령을 통해 그를 능력 있는 사람, 즉 왕의 자격을 갖추게 하셨습니다. 이후로 다윗은 차근차근 왕이 될 준비를 하고, 왕이 되어 나라를 새롭게 합니다.

중심이 아름다운 사람

하나님은 중심이 아름다운 다윗을 왕으로 선택하셨습니다. 다윗의 아름다운 중심을 잘 보여준 사건은 사무엘상 17장에 나오는 다윗과 골리앗의 전투입니다. 이스라엘이 블레셋과 전쟁을 할 때 블레셋 군대의 대장은 골리앗이었습니다. 그는 거인이었고, 온갖 갑옷과 무기로 무장하였습니다. 당시 왕인 사울과 이스라엘의 군인들은 골리앗과 그가 무장하고 있는 무기를 보고 두려워 떨면서 싸울 생각을 하지 못했습니다.

이 때 다윗이 등장합니다. 다른 사람들의 만류에도 불구하고 다윗은 골리앗과 싸우겠다고 선언합니다. 그가 골리앗에게 나아가며 이렇게 말합니다. "너는 칼과 창과 단창으로 내게 나아오거니와 나는 만군의 여호와의 이름 곧 네가 모욕하는 이스라엘 군대의 하나님의 이름으로 네게 나아가노라"(삼상 17:45). 다윗은 골리앗처럼 무기로 무장하지 않고, 하나님의 이름으로 골리앗에게 나아갑니다. 온갖 무기로 무장한 거인 골리앗과 무기는 하나도 없지만 중심이 아름다운 다윗의 싸움에서 다윗이 이겼습니다. 그런 다윗이 왕이 된 후에 블레셋은 이스라엘을 감히 넘보지 못했습니다. 중심이 아름다운 사람, 다윗이 싸움에서 이겼을 뿐 아니라 나라와 백성을 평화로 이끌었습니다.

우리 사회에 외모를 가꾸는 경쟁이 치열합니다. 외모를 보고 사람을 판단하는 일이 많습니다. 실제로 외모를 보고 사람을 채용하거나 배우자를 선택하는 일도 많습니다. 그뿐만 아니라 자격증을 따거나 경력을 쌓는 경쟁, 재력이나 학력을 얻는 경쟁도 외모를 가꾸는 경쟁이라고 할 수 있습니다. 이런 경쟁에서 이긴 사람들이 꼭대기에 서고 지배자가 됩니다. 문제는 외모와 스펙 경쟁이 삶을 더 어렵게 하고, 경쟁에서 이긴 사람들이 세상을 더 망가뜨리기도 한다는 사실입니다. 외양을 가꾸고 화려한 삶을 유지하기 위해 지구상에 온실가스와 온갖 쓰레기는 날로 늘어나고, 지구는 오염되고 착취당하고 파괴됩니다. 외모를 가꾸는 경쟁은 그만 두고 우리의 내면과 마음, 중심을 가꾸어야 합니다. 우리의 마음이 아름답지 않으면 우리 인생은 우리 이웃과 지구를 파괴하는 인생이 되고 맙니다.

지금 우리가 사는 세계와 지구 전체에 가장 위협적인 존재는 사람입니다. 그리스도인들은 중심을 가꾸는 일에 앞장서야 합니다. 사람의 중심은 곧 사람의 됨됨이입니다. 하나님은 예수님을 보내서 우리의 모든 더러운 죄악을 친히 담당하게 하심으로 우리를 새로운 존재로 거듭나게 하셨습니다. 우리는 예수님 덕분에 거룩하고 아름다운 존재가 되었습니다. 우리는 거룩하고 아름답게 된 우리 자신을 잘 지켜야 합니다. 외모를 꾸미고 화려하게 사는 것을 중단하고 중심이 아름다운 사람으로 살아갈 때, 이 세상을 구원하시는 하나님의 뜻이 이루어집니다.

하나님, 더러운 욕심으로 가득한 내면을 돌아보지 않고, 외모를 화려하게 하려고 서로 싸우고 해치기까지 하는 이 세상을 긍휼히 여겨 주옵소서. 외모만 가꾸는 사람들로 인해 더러워지고 망해가는 세상을 긍휼히 여겨주옵소서. 예수 그리스도를 통하여 우리의 중심을 아름답고 거룩하게 하신 하나님, 주님의 은혜를 입어 더 아름답고 거룩하게 살아감으로 파괴되고 더러워지는 세상에 생명의 복음을 전파하게 하옵소서.

1. 우리 시대의 외모지상주의와 스펙 쌓기 경쟁에 대해 말해봅시다. 화려한 외모와 화려한 스펙을 추구하는 이들이 끼치는 해악에 대해서 말해봅시다.

2. 외모 대신 중심을 가꾸는 삶은 어떠한 것입니까? 중심이 아름다운 삶에 대해 말해봅시다.

부자가 끼치는 해악

사무엘하 12:1-10

어떤 행인이 그 부자에게 오매 부자가 자기에게 온 행인을 위하여
자기의 양과 소를 아껴 잡지 아니하고 가난한 사람의 양 새끼를
빼앗아다가 자기에게 온 사람을 위하여 잡았나이다 하니 _ 삼하 12:4

부자가 된다는 것은 매우 위험한 일

힘센 나라나 힘센 사람의 횡포는 이루 말할 수 없이 큽니다. 지구환
경을 더럽히고 망가뜨리는 주범은 부자 나라와 부자입니다. 지구 온난
화와 기후위기의 주범이라고 불리는 이산화탄소를 비롯한 온실가스를
가장 많이 배출하는 나라 대부분이 부자 나라들입니다. 부자 나라의 국
민들이 에너지를 비롯한 많은 자원을 소비하기 때문에 그런 것입니다.
그런 면에서 부자로 산다는 것은 매우 위험한 일이고, 하나님께 받을
책망을 쌓아가는 일입니다.

사무엘하 11장에는 다윗이 다른 사람의 아내를 빼앗는 이야기가 나
옵니다. 하나님은 다윗의 중심을 보시고 그를 이스라엘의 왕으로 세우
셨습니다. 그러나 왕이 된 이후, 다윗의 중심에 변화가 생깁니다. 그는
부강한 나라를 이루고 그 강한 힘으로 다른 나라를 진압하기 시작합니
다. 자기 내면을 제대로 돌보지 않고 군사력이나 경제력 같은 외적인
힘이 주는 유혹에 빠져듭니다. 그러다가 그는 결국 큰 범죄를 저지르고
맙니다.

이스라엘 군대가 암몬과 전쟁을 할 때 다윗은 전쟁터에 가지 않고 예

루살렘 왕궁에 남습니다. 그동안 다윗은 늘 전쟁의 선두에 서서 군대를 지휘하였습니다. 그러나 이제 이스라엘 군대의 힘이 강해졌다고 판단한 다윗은 자신이 전쟁에 나가지 않아도 승리할 수 있다고 확신하였습니다. 자신은 권력자로서 전쟁 같은 위험한 일은 하지 않아도 된다고 생각한 것 같습니다. 이스라엘 군대가 전쟁터에서 목숨을 걸고 싸우고 있는 동안 다윗은 왕으로서, 권력자로서 한가롭게 왕궁에서 시간을 보내고 있었습니다.

이때 다윗이 왕궁을 거닐다가 목욕하는 여인을 보고 욕심에 사로잡힙니다. 그는 신하를 시켜 목욕하던 여인이 누구인지 알아보게 하였습니다. 그리고 그 여인이 자신의 부하 우리아의 아내인 것을 알고서도 자기에게 데려오게 하였고 결국 죄를 짓고 말았습니다. 다른 사람의 아내를 한밤중에 데려오는 것이나, 그 여인과 동침하는 것은 권력자가 아니면 할 수 없는 일입니다. 다윗의 중심이 더러워졌기에 그는 죄책감도 느끼지 못하고 다른 사람의 아내를 데려와 강간한 것입니다. 그의 범죄는 여기에 그치지 않았습니다. 그는 밧세바의 남편 우리아를 죽게 만들었습니다. 다윗은 자신의 권력을 가지고 강간과 살인죄를 저질렀습니다. 만약 그가 권력자나 부자가 아니었더라면 감히 이런 죄를 생각하거나 저지르지 못했을 것입니다. 그런 면에서 부자나 권력자가 되는 것은 매우 위험합니다.

부자 때문에 벌을 받는 세상

사무엘하 12장은 그 이후 선지자 나단이 다윗을 찾아와 다윗을 책망하는 이야기입니다. 나단은 다윗에게 한 가지 이야기를 들려줍니다. 한 성읍에 큰 부자와 매우 가난한 사람이 있었습니다. 부자에게는 양과 소가 매우 많았습니다. 반면 가난한 사람에게는 암양 새끼 한 마리뿐이었습니다. 가난한 사람은 그 암양 새끼를 자기 딸처럼 키웠다고 합니다. 어느 날 부자의 집에 손님이 왔습니다. 부자는 손님을 위해 자기 양이나 소를 잡으려고 하니 아까운 마음이 들었습니다. 그래서 가난한 사람이 딸처럼 기르던 양 새끼를 빼앗아다가 그것으로 손님을 대접했습니다. 나단이 이 이야기를 다윗에게 들려주자 다윗이 분노하였습니다. 다윗은 가난한 사람의 암양을 빼앗은 부자는 죽어야 하고, 가난한 사람에게 네 배를 보상해주어야 한다고 말했습니다.

이 말을 들은 선지자 나단이 다윗의 범죄를 지적합니다. 나단은 다윗이 죽어 마땅하다고 한 그 부자가 바로 다윗 자신이라고 했습니다. 다윗에게는 이미 많은 부인이 있었고, 만약 다른 부인을 더 얻고 싶었다면 결혼하지 않은 사람들 중에서 찾을 수도 있었습니다. 그런데 다윗은 우리아의 하나뿐인 아내 밧세바를 빼앗았습니다. 밧세바에게 큰 상처를 주었고, 우리아의 목숨까지 빼앗았습니다. 그렇기에 다윗은 앞에서 말한 부자보다 더 나쁜 사람입니다. 이렇게 죄를 지적한 다음에 나단은 다윗의 집에서 칼이 영원토록 떠나지 않을 것이라고 하였습니다. 이는 다윗 집안에서 칼로 사람을 죽이는 일이 끊이지 않을 것이라는 뜻입니다. 실제로 다윗 집안에서 칼이 떠나질 않습니다. 다윗이 죽을 때까지 계속됩니다. 다윗이 권력을 앞세우며 부자로 산 것 때문에 그의 가정과 온 나라에 슬픈 일들이 끊이지 않았습니다.

오늘날 다윗과 같은 부자들이 너무 많습니다. 그들은 더 많은 재산을 얻고, 더 많은 권력을 얻고자 합니다. 그리고 그 재산이나 권력을 가지고 마음껏 욕심을 채우고 약한 사람들을 함부로 대합니다. 특히 부유한 나라들과 부자들이 지나치게 많이 소비함으로써 지구환경을 더럽히고 망가뜨려 가난한 나라들과 가난한 사람들의 생존을 위협합니다.

우리나라는 이미 부자 나라입니다. 너무 부유하게 살아서 문제입니다. 우리나라와 국민 1인당 탄소 배출량 모두 세계 10위 안에 듭니다. 우리가 그만큼 지구환경을 파괴하고 있다는 뜻입니다. 그런데 이런 상황을 외면하고 우리는 여전히 경제를 더 발전시켜야 한다고 말합니다. 심지어 일회용품 규제 같은 친환경 정책은 나중에 시행해도 된다고 말

기후위기 앞에 선 그리스도인들에게

합니다. 지구 생태계가 망가지든 말든 돈을 더 벌겠다는 뜻입니다. 우리가 부자가 되려고 하면 할수록, 부자가 되어서 마음껏 욕심을 채우며 살면 살수록, 우리 가정과 세상이 더 망가진다는 것을 기억해야 합니다. 부자가 되려는 욕심을 잘 제어하고 마음을 아름답게 하여 물질적이거나 육체적인 욕망을 채우는 일을 멀리하고 하나님의 뜻을 되새기며 그 뜻에 순종하는 사람이 세상을 살립니다. 🌿

하나님, 우리가 권력이나 재산을 추구하지 않게 하옵소서. 권력이나 재산을 사용하여 우리의 욕심을 채우려고 하지 않게 하옵소서. 재산과 권력을 추구하는 사람들로 인해 지구 생태계 안에 사는 무수한 생명이 고통을 겪고 죽어가는 세상에서, 우리의 마음을 바르게 하여 좀 더 새롭고 좀 더 의로운 사람이 되고자 애쓰게 하옵소서.

1. 부유할수록 더 많은 에너지와 물건을 소비하고, 더 많은 쓰레기를 배출하는 현실에 대해 말해봅시다.

2. 나날이 파괴되고 더러워지는 지구환경을 사랑하는 마음으로 좀 더 절제하고 가난하게 사는 방법을 고민해봅시다.

생명을 살리는 지혜

열왕기상 3:16-28

왕이 이르되 산 아이를 둘로 나누어 반은 이 여자에게 주고 반은 저
여자에게 주라. 그 산 아들의 어머니 되는 여자가 그 아들을 위하여
마음이 불붙는 것 같아서 왕께 아뢰어 청하건대 내 주여, 산 아이를
그에게 주시고 아무쪼록 죽이지 마옵소서 하되, 다른 여자는
말하기를 내 것도 되게 말고 네 것도 되게 말고 나누게 하라 하는지라

_ 왕상 3:25-26

생명을 대하는 태도에 주목하기

2022년부터 우리나라에 중대재해처벌법이 시행되었습니다. 이 법은
돈보다 사람의 목숨을 더 소중하게 여겨야 한다는 취지에서 만들어졌
습니다. 이 법이 앞으로 많은 생명을 보호할 것입니다. 돈을 아무리 많
이 벌어도 그 돈 때문에 자신이나 다른 사람이 다치고 죽는다면 그 돈
은 해롭고 더러운 돈입니다. 우리 사회에는 사람의 생명보다 돈을 더
중요하게 여기는 악한 세력이 있는데 우리는 그 악한 세력과 싸워야 합
니다.

열왕기상 3장은 솔로몬이 하나님이 주신 지혜로 문제를 해결하는 이
야기입니다. 두 여자가 솔로몬을 찾아와 재판을 요청합니다. 그들은 같
은 집에 살았는데, 거의 비슷한 시기에 각각 아기를 낳았습니다. 그런
데 그들이 낳은 아기 중 하나가 죽었습니다. 한 여자가 자는 중에 실수
로 자기 아이를 죽게 한 것입니다. 그가 자기의 죽은 아기를 다른 여자

의 산 아기와 바꾸어버렸습니다. 그리하여 한 아기를 두고 싸움이 벌어졌습니다. 두 여자가 모두 산 아기가 자기 아기라고 주장합니다. 유전자 검사 같은 것을 할 수도 없고, 두 여자의 집에 함께 사는 사람도 없어서 증언할 사람도 없었습니다. 그러니 살아 있는 아이가 어떤 여자의 아들인지를 알아내는 것은 불가능해 보입니다.

이런 상황에서 솔로몬의 지혜가 빛납니다. 솔로몬이 두 여자의 태도를 시험합니다. 솔로몬이 칼을 가져오라고 하더니, 그 칼로 산 아이를 둘로 나누어 반은 이 여자에게 주고, 다른 반은 저 여자에게 주라고 하였습니다. 이 일은 지혜롭지도 공정하지도 않습니다. 산 아기의 실제 어머니에게는 억울한 일이고, 아기의 입장에서는 그들의 싸움 때문에 목숨을 잃는 매우 슬픈 일입니다. 솔로몬은 이런 상황에 대해서 두 여자가 어떤 반응을 보이는지를 살펴봅니다.

두 여자가 상반된 반응을 보입니다. 살아 있는 아이의 진짜 어머니는 아이를 칼로 나누는 것을 두고 볼 수 없었습니다. 그의 마음이 불붙는 것 같았습니다. 어머니로서 아들이 죽는 것을 도무지 볼 수 없어서 그는 왕에게 아이를 죽이지 말고 상대 여인에게 주라고 하였습니다. 반면 다른 여자는 자신이 그 아이를 가질 수 없다면 차라리 죽여서 아무도 그 아이를 소유하지 못하게 하는 것이 낫다고 생각하고, 아이를 나누자고 하였습니다. 이 여인은 아이의 생명을 소중하게 여기지 않았던 것입니다. 두 여인의 말을 들은 솔로몬은 누가 산 아이의 진짜 어머니인지를 알았습니다. 진짜 어머니는 아들이 죽는 것을 그냥 보고 있지 못합니다. 아들이 죽는 것을 막는 사람이 진짜 어머니입니다. 솔로몬은 진짜 어머니에게 그 아들을 돌려주었습니다.

어머니의 마음으로 생명 돌보기

솔로몬처럼 생명을 소중하게 여기는 사람이 지혜로운 사람입니다. 생명을 소중하게 여기는 사람이 많습니다만, 그 중에서도 어머니는 생명의 소중함을 누구보다 잘 알고 잘 돌보는 사람입니다. 어머니는 생명을 잉태하는 순간부터 출생할 때까지 태아에게 집중하며 삽니다. 먹는 것을 조심합니다. 마음가짐도 조심합니다. 나쁜 생각을 하면 태아에게 좋지 않은 영향을 미칠 수 있다고 생각하여 좋은 생각을 품으려 합니다. 좋은 음악도 듣고 몸과 마음을 편안하게 하려고 애를 씁니다. 아기가 태어나면 그 아기에게 젖을 먹이고 아기가 성인이 될 때까지 온갖 정성을 다해 양육합니다. 만약에 이 세상에 생명을 소중하게 여기는 어머니들이 없다면, 세계는 유지되기 어려울 것입니다. 생명을 소중하게 여기지 않고 돌보지 않는 사람들만 있다면, 이 세상은 죽음만 있는 세상이 될 것입니다.

그런데 지금 이 시대는 돈을 너무 중요하게 여기면서 생명의 소중함을 점점 잃어갑니다. 정부가 일회용품 생산과 사용을 규제하지 않는 것도 그런 현상 중 하나입니다. 일회용품의 주원료는 플라스틱입니다. 그 쓰레기가 지구 생명들에게 큰 위협이 되고 있는 것을 우리는 이미 알고 있습니다. 최근 발표된 자료에 따르면 사람의 피에서도 수많은 미세플라스틱이 발견되고 있다고 합니다. 그건 피가 흐르는 우리 몸 전체에 미세플라스틱이 퍼진다는 뜻입니다. 만약에 미세플라스틱이 뇌까지 침투하면 뇌세포를 죽여서 우리의 건강을 크게 해칠 수 있습니다. 한 통계에 따르면 보통 사람이 한 주간 신용카드 한 장 분량의 미세플라스틱을 섭취한다고 합니다. 우리가 마시는 물과 생선을 비롯한 식자재와 음식물 포장 용기에 미세플라스틱이 많이 들어 있기 때문에 날마다 미세플라스틱을 먹는 것입니다. 그리고 그 양이 점점 늘어납니다. 이런 일이 계속되면 2~30년 뒤에 태어나는 우리 다음 세대에게는 큰 재앙이 일어날 것입니다. 좋은 것을 먹고 마셔야 건강한 아기가 태어납니다. 이렇게 미세플라스틱을 계속 먹고 살면 우리의 미래를 보장할 수 없습니다. 그런데 이런 상황에서도 정부는 자영업자들이 경제적으로 어려워지는 것을 핑계로 일회용품 규제를 하지 않습니다. 다른 대안을 생각하기보다 단순히 돈 때문에 우리의 건강과 미래를 포기하겠다는 뜻입니다. 생명보다 돈을 더 소중하게 여기는 어리석은 태도입니다.

　기후위기 시대에 우리는 자녀의 생명을 선택했던 어머니의 마음을 다시 떠올려야하겠습니다. 당장의 편리함 때문에 미래 세대를 생각하지 않고 일회용 쓰레기와 온갖 오염물질을 만들고 버리는 생활을 멈춰야 합니다. 우리의 생명과 미래 세대를 위해 기꺼이 욕심을 버리고 불편함을 감수해야 합니다. 그런 사람이 참으로 지혜로운 사람이요 생명을 살리는 하나님의 뜻을 실현하는 사람입니다.

하나님, 잠시 누리는 편안함과 쾌락 때문에 생명을 죽이는 우리를 용서하여 주옵소서. 욕심을 채우려고 썩지 않는 쓰레기를 끊임없이 쏟아내는 파괴적인 삶의 방식을 고치게 하옵소서. 주님께서 천하보다 귀하게 여기시는 생명이 죽어가고, 미래세대의 희망이 사라집니다. 우리가 생명을 잉태하고 기르는 어머니의 마음을 회복하고, 생명을 무엇보다 중요하게 여기는 지혜로운 사람으로 거듭나게 하옵소서.

1. 생명과 소유 중에서 생명을 택하는 사람이 지혜로운 사람입니다. 생명을 가장 소중하게 여기는 사람의 삶의 방식에 대해 고민해봅시다.

2. 미세플라스틱이 미래 세대에 끼칠 영향을 생각해보고, 일회용품이나 플라스틱 쓰레기가 없는 생활을 계획해봅시다.

까마귀를 통해 생명을 주시는 하나님

열왕기상 17:1-9

그가 여호와의 말씀과 같이 하여 곧 가서 요단 앞 그릿 시냇가에
머물매, 까마귀들이 아침에도 떡과 고기를, 저녁에도 떡과 고기를
가져왔고 그가 시냇물을 마셨으나 _ 왕상 17:5-6

물질적인 풍요로움만 추구하는 사람들에 대한 경고

〈나는 자연인이다〉라는 TV 프로그램은 주로 깊은 산 속에서 혼자
사는 사람, 자연인의 이야기를 들려줍니다. 자연인은 대개 산 아래에
서 열심히 살았는데, 열심히 산 것 때문에 오히려 큰 상처를 받은 경우
가 많습니다. 그런 상처를 안고 산으로 들어와 혼자 살면서 그 상처를
치유합니다. 열심히 사는 사람 중에는 욕심이 많은 사람들이 있습니다.
그 욕심 때문에 자기 몸이나 심지어 가족도 돌보지 않고 일만 합니다.
그로 인해 자신과 가족의 삶이 망가집니다. 그런 사람이 산에 들어가
사회적으로 보면 무의미한 일을 하며, 산에서 나는 것을 먹고 삽니다.
그러면서 산 아래에서 잃어버린 몸과 마음의 건강을 회복합니다. 이렇
게 우리가 아무것도 하지 않을 때, 오히려 문제가 해결되는 경우가 많
습니다.

열왕기상 17장은 하나님이 보내신 선지자 엘리야가 등장하여 악한
왕 아합을 책망하고 벌을 내리는 이야기입니다. 아합은 시돈 왕의 딸인
이세벨을 아내로 맞이하였습니다. 당시 시돈은 바알과 아세라 숭배의
중심지였습니다. 시돈의 공주인 이세벨은 바알과 아세라 신상을 가지

고 와서, 남편 아합을 통해 온 나라에서 바알과 아세라를 숭배하게 만듭니다.

엘리야는 아합을 찾아가서 하나님의 이름으로 전하기를, 앞으로 자기의 말이 없으면 수년 동안 비도 이슬도 내리지 않을 것이라고 선언합니다(왕상 17:1). 그때 엘리야는 아합에게 "내가 섬기는 이스라엘 하나님 여호와"라고 말했습니다. 이 말은 엘리야가 섬기는 하나님과 아합이 섬기는 하나님이 다르다는 뜻입니다.

당시 아합은 하나님을 떠나 바알과 아세라를 섬겼습니다. 가나안 땅에서 바알과 아세라는 풍요와 다산을 주관하는 신으로 알려져 있었습니다. 농사를 주업으로 삼던 가나안 사람들은 비와 이슬도 바알과 아세라가 내려주는 것으로 이해하였고, 그들이 농작물의 수확을 주관하여 풍요와 다산을 가져다준다고 믿었습니다. 북왕국 이스라엘 사람들도 이런 가나안 사람들의 풍습을 따라 바알과 아세라를 섬기며, 바알과 아세라가 때를 따라 땅에 비와 이슬을 내려주고 풍요와 다산을 가져다주기를 기대하였습니다. 그것 때문에 그들은 하나님을 떠났습니다. 물질적이고 육체적인 풍요로움을 채우기 위해 신앙도 저버리고 수단과 방법을 가리지 않았습니다. 이렇게 바알과 아세라를 섬기는 아합과 북왕국 이스라엘 사람들에게 하나님은 엘리야를 통해 북왕국 이스라엘 사람들이 사는 가나안 땅에 비와 이슬이 내리지 않을 것이라고 선포하셨습니다. 그리하여 가나안 땅에서 더 이상의 다산과 풍요는 기대할 수 없게 되었습니다.

엘리야의 대안적 삶

엘리야의 선언 후, 실제로 비와 이슬이 내리지 않자 아합 왕은 엘리야를 죽이려고 합니다. 그는 이스라엘 영토에서 엘리야를 찾지 않은 곳이 없을 정도로 온 나라를 샅샅이 뒤졌습니다(왕상 18:10). 이때 엘리야는 하나님의 명령을 따라 요단강 근처 그릿 시냇가로 피신했습니다. 엘리야는 그곳에서 시냇물을 마시고 까마귀가 날라다 주는 것을 먹으며 삽니다.

그릿 시냇가는 농사를 짓고 사는 가나안 땅과는 대조적인 곳이었습니다. 엘리야는 물질적인 풍요로움을 추구하느라 바알과 아세라 숭배가 성행하는 곳을 떠나, 농사를 지을 수 없는 그릿 시냇가에서 살았습니다. 당시에도 그런 곳에서는 사람이 살 수 없다고 생각하거나 그런 곳에 사는 사람은 실패한 사람이라고 하였을 것입니다. 그러나 엘리야는 그곳에서 시냇물과 까마귀, 즉 하나님이 창조하신 다른 피조물의 도움을 받으며 하나님의 말씀을 따라 살았습니다. 물론 그곳에서는 많은 농산물을 생산해서 부자가 될 수는 없습니다. 그렇지만 사람이 꼭 부자로 살 필요는 없습니다. 부자로 살지 않아도 얼마든지 하나님의 뜻을 따라 살 수 있습니다. 엘리야는 농사지을 수 있는 땅과 바알과 아세라 없이도 다른 피조물과 어울리며 비와 이슬이 내리지 않는 어려운 시기를 잘 보낼 수 있었습니다.

시간이 흐른 후에 엘리야는 그릿 시냇가를 떠나서 사르밧에 사는 과부의 집으로 가서 그 과부가 대접하는 음식을 먹으며 삽니다(왕상 17:8-9). 그 과부는 자기 땅이 없어 다른 사람의 집에 가서 일을 하거나 구걸을 해서 먹고 살았습니다. 엘리야는 그러한 사람의 집에 가서도 기근을 이겨내고 잘삽니다.

엘리야의 이런 생활은 가나안 땅에서 수단과 방법을 가리지 않고 물질적인 풍요로움만 추구하는 사람들의 생활과 대조적입니다. 이런 대조적인 모습으로 엘리야는 다른 방식으로도 얼마든지 살 수 있다는 것을 보여주었습니다. 물질적인 풍요로움을 추구하지 않아도 실패하지 않고 성공적으로 살 수 있다는 것을 보여주었습니다.

물질적으로 풍요롭게 사는 것만이 잘사는 것은 결코 아닙니다. 물질적 풍요로움이 곧 선이나 진리가 아닙니다. 오직 그것만 목표로 삼고 살다가는 하나님도 잃어버리고 사랑과 정의 같은 중요한 가치도 잃어

기후위기 앞에 선 그리스도인들에게

버립니다. 오늘날 다들 경제적인 번영만 추구하다 보니, 빈부격차가 극심해지고 굶어 죽는 사람들이 많아집니다. 특히 환경오염과 기후변화로 인한 재앙까지 일어납니다. 많은 사람이 물질적으로 풍요롭게 사는 것을 목적으로 삼고 살다 보니, 돈 때문에 상처 입고 죽어가는 사람과 동·식물도 많습니다.

이러한 시대에 그리스도인은 어떻게 살아야 할까요? 물질적인 풍요로움이나 육체적인 안락을 포기하고 십자가의 길을 가신 예수님처럼 살아야 합니다. 다른 피조물에게 해를 끼치지 않는 방식으로 살아야 합니다. 그러한 삶으로 물질적인 풍요로움을 추구하다가 상처를 입고 망해가는 세상과 사람들에게 생명의 복음을 전해야 합니다. 🕊

하나님, 물질적인 풍요로움을 추구하느라 창조주 하나님을 잃어버리고 환경오염과 기후변화로 인한 재앙을 당하고 있는 우리를 긍휼히 여겨 주옵소서. 주님의 말씀을 버리고 오직 물질적이고 육체적인 욕망을 따라 살아온 죄를 회개하고, 주님의 말씀 안에서 새로운 길을 찾게 하여 주옵소서. 물질적인 풍요로움보다 하나님의 말씀과 예수 그리스도의 사랑을 앞세우며 살아감으로 세상에 구원의 길을 보여주게 하옵소서.

1. 도시에서 물질적인 풍요와 육체적인 쾌락을 즐기며 사는 것이 자신이나 다른 존재에게 얼마나 해로운 일인지 반성해봅시다. 물질과 쾌락 중심의 대도시가 지구환경에 미치는 영향을 말해봅시다.

2. 더러워지고 파괴되는 환경을 회복시키는 삶의 방식에 대해 상상해봅시다. 좀 더 소박한 삶, 다른 피조물과 조화를 이루는 삶을 위해 떠오르는 생각을 나누어봅시다.

선지자들의 대안 공동체

열왕기하 2:15-22

> 엘리사가 물 근원으로 나아가서 소금을 그 가운데에 던지며 이르되
> 여호와의 말씀이 내가 이 물을 고쳤으니, 이로부터 다시는 죽음이나
> 열매 맺지 못함이 없을지니라 하셨느니라 하니 그 물이 엘리사가 한
> 말과 같이 고쳐져서 오늘에 이르렀더라 _ 왕하 2:21-22

하나님의 말씀으로 권력자에게 맞선 선지자들

열왕기상·하는 왕들의 이야기이고, 왕들 때문에 나라가 망하는 이야기입니다. 그런데 열왕기상·하는 선지자들의 이야기라고도 해도 될 만큼 선지자들의 이야기가 많이 나옵니다. 선지자들은 끊임없이 왕의 잘못을 지적하고 비판했습니다. 선지자들에게 권력은 없었지만, 그들에게 주어진 하나님의 말씀으로 왕에게 대항하였습니다. 특히 선지자들은 하나님의 말씀에 순종하지 않는 왕들 때문에 나라가 망한다고 선언하였습니다. 선지자들의 말대로 결국 나라가 망합니다. 나라가 망한 이후에 비로소 사람들은 선지자들이 전한 하나님의 말씀을 기억하고, 그 말씀을 수집하여 성경을 만들고, 그 말씀대로 살아가면서 새로운 공동체를 만들었습니다. 하나님 말씀의 소중함을 깨닫고 새로운 생활을 합니다. 이렇게 선지자들은 죄로 망하는 세상에 대안을 제시한 이들이라고 할 수 있습니다.

열왕기하 2장은 아합과 이세벨과 싸우던 엘리야 선지자가 떠나고, 엘리사가 선지자들의 새로운 지도자가 되어 활동을 시작하는 이야기입

니다. 2장 15절에는 엘리야와 함께 하신 성령께서 엘리사와 함께 하시는 것을 목격하고, 엘리야의 제자들, 즉 선지자들이 엘리사를 새로운 지도자로 맞이하는 장면이 나옵니다. 그리고 엘리사를 중심으로 하는 선지자들의 공동체가 하나님 말씀을 받아, 그 말씀을 따라 사는 훈련을 하고 하나님 말씀을 전파하면서 아합의 후손들과 싸웁니다. 엘리야는 떠났지만 그들을 통해 엘리야가 하던 싸움이 계속되었습니다. 엘리사를 중심으로 선지자 공동체는 아합 집안을 철저하게 심판하고, 예후를 왕으로 세워 새로운 나라를 만들어가게 합니다. 선지자들에게는 권력이나 무기나 군인이 없고, 오직 하나님 말씀만 있었습니다. 그 하나님 말씀으로 악한 왕들을 몰아내고 세상을 새롭게 하였습니다.

그리스도인들은 세상을 변화시키기 위해 선거에 나가 권력을 차지하려고 하지는 않습니다. 물론 그리스도인들이 개인적인 차원에서 그렇게 할 수는 있지만, 교회 자체가 권력을 얻어 세상을 변화시키려고 하지는 않습니다. 왜냐하면 역사상 교회가 권력을 가지고 세상을 변화시키려고 하다가 세상을 변화시키기는커녕 교회 자신이 타락하는 경우가 많았기 때문입니다. 열왕기상·하를 읽어보면 세상을 변화시키는 사람은 권력을 가진 정치인이 아니라, 하나님 말씀을 가진 선지자라는 것을 거듭 확인할 수 있습니다.

그러므로 오늘날 그리스도인과 교회도 세상을 변화시키기 위해 권력자가 되려고 할 것이 아니라, 하나님 말씀에 더욱 순종하려고 노력해야 합니다. 특히 우리가 먼저 하나님의 말씀을 따라 살면서 이 세상이 나아갈 방향과 대안을 제시해야 합니다. 우리가 먼저 하나님의 말씀으로 변화되어야 그 힘으로 세상을 변화시킬 수 있기 때문입니다.

하나님의 말씀과 소금으로 물의 근원을 치유한 엘리사

열왕기하 2장 19절을 보면 당시 선지자들의 공동체가 있었던 여리고 성의 물이 좋지 않았다고 합니다. 물이 나빠 땅에서 자라는 식물이 제대로 열매를 맺지 못했습니다. 사람이나 짐승이 오염된 물을 마시면 건강을 잃거나 죽는 것처럼, 식물도 마찬가지입니다. 여리고의 선지자 공동체와 사람들이 나쁜 물 때문에 고생할 때, 엘리사는 물의 근원을 찾아가 그곳에 소금을 던지고 하나님의 말씀으로 물의 근원이 깨끗해졌다고 선언하였습니다. 실제로 그 이후로 동·식물이 죽는 일이 사라지고, 식물이 열매를 맺지 못하는 일도 사라졌습니다. 이처럼 엘리사를 비롯한 선지자 공동체는 더러워지는 세상의 근원을 깨끗하게 하였습니다.

서울 사람들은 한강의 물을 정수해서 사용합니다. 물을 정수하기 위해 이런저런 화학 약품을 사용합니다. 더러운 물일수록 더 많은 화학 약품을 사용합니다. 정수한 물 속에는 화학 약품이 남아 있을 수밖에 없습니다. 그런데 물을 더럽히는 근원을 그대로 두고 계속 방치하다 보면 도무지 정수할 수 없는 상태가 될 것입니다. 그렇게 되면 모든 생물이 죽을 수 있습니다. 더러운 물을 정수하는 것보다는 물을 더럽히는 근본 원인을 제거해야 합니다. 그렇지 않으면 인류의 미래는 없습니다.

엘리사는 하나님의 말씀과 소금으로 물의 근원을 깨끗하게 하였습니다. 그렇다면 우리는 무엇으로 더러워지는 물과 세상을 깨끗하게 할 수 있겠습니까? 그것은 바로 사람들의 바른 삶입니다. 사람이 하나님의 말씀을 따라 바르게 살아야 세상이 죄로 더러워지지 않고 깨끗하게 변화됩니다. 예수님은 그리스도인을 세상의 소금이라고 하셨습니다. 우리가 예수님의 말씀을 따라 바르게 살아갈 때 이 세상이 부패하지 않습니다.

어떤 사람들은 과학 기술을 발전시켜 더러워진 물과 땅과 공기를 정화시키려 합니다. 심지어 후대의 과학 기술이 문제를 해결할 것이라 믿고, 물과 땅과 공기를 계속 더럽힙니다. 이 세상을 더럽히는 근원은 내버려 두고 과학을 맹신하면 이 세상은 생물이 살 수 없을 정도로 더러워지고, 우리 인류의 역사도 끝나고 말 것입니다. 어리석은 일이 아닐

기후위기 앞에 선 그리스도인들에게

수 없습니다.

정치인이나 과학자들은 물을 비롯한 생명의 근원을 근본적으로 치유할 수 없습니다. 창조주 하나님의 말씀을 간직한 그리스도인들이 절박한 심정으로 하나님의 뜻을 찾고, 그 뜻에 순종하며 살아야 합니다. 지금 이 땅의 물, 흙, 공기가 더러워져서 무수한 생명체가 고통을 겪으며 죽어가고 있습니다. 이런 시대에 하나님의 말씀을 간직한 그리스도인들이 더러워진 세상을 회복하고 치유하는 대안 공동체가 되어야 한다는 사실을 깊이 인식하고, 하나님의 말씀을 실천하여 세상의 소금 역할을 잘 감당해야 하겠습니다. 🕊

하나님, 어리석은 정치인들은 사람들의 욕심을 부추기며 그 욕심을 채워주겠다고 유혹합니다. 그러는 동안 세상은 더욱 더러워지고 무수한 동·식물이 죽어갑니다. 우리에게 주님의 말씀을 맡겨 주셨사오니, 우리가 주님의 말씀으로 사람들의 죄와 욕심을 책망하게 하옵소서. 주님의 말씀이 우리의 희망이요, 주님의 말씀대로 사는 것이 생명의 길이오니, 우리가 오직 말씀에 순종함으로 이 세상에 빛을 비추고, 썩어가는 세상을 치유하는 소금의 역할을 감당하게 하옵소서.

1. 하나님의 말씀으로 왕에게 대항한 선지자들에 대해 말해봅시다. 우리에게 주어진 하나님의 말씀이 세상을 변화시키는 힘이라는 사실에 대해 묵상해 봅시다.

2. 물과 공기와 땅을 더럽히는 근원은 무엇입니까? 그 근원을 깨끗하게 하려면 우리가 무엇을 해야 할지 말해 봅시다.

가나안 땅에서 쫓겨난 이스라엘 민족

열왕기하 25:8-17

바벨론 왕 느부갓네살의 열아홉째 해 오월 칠일에 바벨론 왕의 신복
시위대장 느부사라단이 예루살렘에 이르러, 여호와의 성전과 왕궁을
불사르고 예루살렘의 모든 집을 귀인의 집까지 불살랐으며

_ 왕하 25:8-9

땅만 남고 모든 것이 파괴되다

1968년에 나온 〈혹성탈출〉이라는 영화는 한 우주 탐사선이 어느
혹성에 도착하는 것으로 시작합니다. 그 우주 탐사선은 외계 생명체를
찾기 위해 지구에서 출발한 것이었습니다. 탐사대원들이 도착한 곳은
놀랍게도 원숭이들이 인간을 지배하는 세상이었습니다. 인간은 언어
도 제대로 구사하지 못하고 마치 석기 시대와 같은 생활을 하고 있었습
니다. 반면 원숭이들은 인간보다 더 높은 문명을 누리며 인간을 지배하
고 있었습니다. 탐사대원들도 원숭이들에게 붙잡혀 실험 대상으로 전
락하였습니다. 영화의 마지막 부분에서 탐사대원들은 그곳에서 풀려납
니다. 그런데 놀랍게도 그동안 자신들이 있었던 곳이 다름 아닌 지구임
을 알게 됩니다. 그들은 지구를 떠나 다른 별에 가려고 하였지만, 사고
가 일어나 표류하다가 오랜 시간이 지난 후에 지구로 되돌아왔던 것입
니다. 지구에 돌아와 보니 그들은 자신들이 살던 시대와 달리, 인간의
이기적이고 무모한 싸움 때문에 인류가 멸망하고 원숭이의 지배를 받
는 신세가 되었다는 것도 알게 됩니다. 이 영화는 이렇게 전쟁이나 환

경파괴로 인류가 망할 수 있다는 것을 경고하였습니다. 그리고 그 경고가 지금 현실이 되어가는 듯합니다. 인류가 계속 발전하고 지구가 번영할 것이라고만 생각하고 낙관적으로 사는 것은 이제 어리석은 일이 되었습니다.

열왕기하 25장은 남왕국 유다가 망하는 이야기입니다. 남왕국 유다 사람들은 자기 나라에 하나님을 모신 성전이 있기 때문에 절대로 망하지 않는다고 확신하였습니다. 하지만 그런 확신이 나라가 망하는 것을 막지는 못했습니다. 25장 8-9절을 보면, 바벨론 군대가 성전과 왕궁과 예루살렘에 있는 모든 집을 불살라버렸습니다. 예루살렘의 성전과 왕궁은 솔로몬 시대에 20여 년에 걸쳐 당시 세계에서 가장 화려하게 지은 건물입니다. 하지만 그런 건물이 하루아침에 무너져 사라져버리고 말았습니다. 또한 바벨론 군대는 예루살렘성 안에 있는 모든 집을 불살랐습니다. 예루살렘성 안에 사람이 살 수 없게 만들었습니다. 25장 13-17절을 보면 바벨론 군대는 성전 안에 있는 모든 장식물과 기구들을 가져갔습니다. 그런데 바벨론 군대가 모든 것을 파괴하면서도 남겨둔 것이 있었습니다. 사실은 남겨둘 수밖에 없는 것이었습니다. 그것은 바로 땅입니다. 바벨론의 시위 대장은 남왕국 유다 사람 중 비천한 사람들을 남겨 그들로 하여금 그 땅의 포도원을 비롯한 땅을 관리하도록 하였습니다(왕하 25:12).

오늘 본문에서 우리가 주목할 것은 사람들이 만들어 놓은 것들은 다 사라지고, 본래부터 있던 땅만 그대로 남았다는 것입니다. 사람들이 만들어놓은 것들은 다 파괴되고 사라질 수 있습니다. 그러므로 그러한 것에 의존하지 않는 방식으로 살아야 합니다. 당시 솔로몬이 지은 화려한 성전에서 웅장한 제사를 드리며 살던 사람들은 화려한 성전과 웅장한 제사 의식에 압도당했습니다. 그렇기에 하나님께서 성전을 결코 무너지지 않게 하실 것이며 그렇기에 나라도 망하지 않을 것이라 확신하였습니다. 그러나 그것은 자신에게 속은 것이나 마찬가지입니다. 그것은 하나님이 주신 확신이 아니고, 화려한 건물이나 웅장한 종교 의식이 준 망상에 불과했기 때문입니다. 그런 것들이 남왕국 유다 사람을 지켜주지는 못했습니다.

자신이 만든 것 때문에 멸망할 위기에 처한 인류

오늘날 인류는 엄청나게 크고 화려하고 편안한 건물을 짓고 삽니다. 온갖 문명의 이기(利器), 온갖 좋은 물건을 만들고 그것을 이용해서 욕심을 충족시키며 삽니다. 그런 건물과 물건을 만들어낸 인류는 자신을 뛰어난 존재라고 자화자찬하고, 이런 인류가 지배하는 세상은 절대로 망하지 않고 더 발전하리라 전망하기도 합니다. 앞으로 몇 십 년, 몇 백 년 뒤에는 우주의 다른 행성들까지 지배하며 살 것이라고도 합니다.

하지만 인류가 자신이 만든 건물과 물건 그리고 어떤 기술에 의존하고 그것을 최고로 여기고 살다가는 망할 수도 있다는 것을 기억해야 합니다. 남왕국 유다 사람들은 화려한 성전과 튼튼한 예루살렘성을 의존하다가 망했습니다. 그들이 만든 것이 그들을 지켜주지 못했습니다. 인류가 만들어낸 문명도 결코 우리 인류를 지켜주지 못합니다.

최근에 미세플라스틱 문제를 사람들이 심각하게 받아들이기 시작했습니다. 종이컵으로 뜨거운 음료를 마실 경우, 2만 여개의 미세플라스틱 조각을 마시게 된다고 합니다. 방수를 위해서 종이컵 안쪽에 코팅을 했기 때문입니다. 집안의 공기 중에는 합성섬유로 만든 옷에서 나오는 미세플라스틱 조각이 둥둥 떠다니고 있어서 사람이 숨을 쉴 때마다 그것을 마신다고 합니다. 또한 해산물 같은 여러 가지 음식을 통해 미세플라스틱을 섭취합니다. 우리 몸속에 미세플라스틱이 점점 쌓여가고 있습니다. 건강에 좋을 리가 없습니다.

플라스틱은 인류의 문명을 획기적으로 발전시킨 소재입니다. 그런데 플라스틱 때문에 망할 수도 있는 현실에 처해 있습니다. 인류가 만들어낸 것이 인류의 미래를 위협하고 멸망하게 할 수 있습니다. 지금은

기후위기 앞에 선 그리스도인들에게

새로운 건물이나 물건, 기술을 개발해야 하는 시대가 아닙니다. 그동안 인류가 만들어낸 것이 인류의 미래를 어둡게 하고 있다는 것에 대해서 반성해야 하는 시대입니다. 인류가 만들어낸 것 때문에 위기에 처한 이 시대에 하나님의 말씀에 귀를 기울여야 합니다. 길이요 진리요 생명이신 예수님을 따라야 합니다. 그것이 진정으로 우리 자신과 이 세상을 살리는 길입니다. 🌿

하나님, 인류가 만들어낸 것들이 지구환경을 더럽히고 기후변화를 일으켜 우리의 미래를 위협합니다. 죄와 욕심으로 오염된 이 문명을 의지하지 않게 하옵소서. 그러한 것으로 우리 인생을 만들어가지 않게 하옵소서. 망하고 사라져버릴 것을 붙잡지 않게 하옵소서. 탐욕에 물든 문명을 심판하시는 주님을 두려워하며, 오직 하나님의 뜻을 따라 예수님의 길을 걸어가게 하옵소서.

1. 플라스틱이 바꾼 세상(플라스틱 혁명)과 플라스틱이 망가뜨리는 생태계와 인류의 미래에 대해 말해봅시다.

2. 인류가 만든 물건이 인류를 구원할 수 없고 오히려 멸망시킬 수 있습니다. 오직 예수님이 길이요 진리요 생명이라는 사실을 더욱 깊이 묵상해봅시다.

우리의 희망

역대상 29:10-19

우리는 우리 조상들과 같이 주님 앞에서 이방 나그네와 거류민들이
라. 세상에 있는 날이 그림자 같아서 희망이 없나이다 _ 대상 29:15

성전과 예배를 위한 다윗의 일생

우리나라의 고위 공직자들은 인사 청문회나 인사 검증 절차를 거친
다음 임명을 받습니다. 후보자 중에는 명예로운 고위직에 오르려다 자
신과 가족의 허물이 드러나, 큰 수치를 당하기도 합니다. 우리는 이 세
상과 인생의 마지막에 하나님 앞에서 심판을 받을 것이라고 믿습니다.
그 심판의 때에 인사 청문회보다 더 가혹한 심판을 받을 지도 모릅니
다. 단지 돈이나 명예를 위해서 살면 우리 인생은 하나님 앞에서 낙제
점을 받고 수치를 당할 것입니다.

우리 사회가 물질적인 욕망을 채우는 일에 몰두하다 보니 경쟁적으
로 물질적인 욕망을 채우려 하고, 그것에 실패하면 실패한 사람이라고
평가합니다. 물질적인 욕망을 채우는 일을 앞세우다 보면, 자기 내면을
돌보지 않고 하나님 앞에서 자신의 모습을 반성하지도 않습니다. 우리
가 장차 하나님 앞에 서서 심판을 받을 때, 어떤 모습으로 하나님 앞에
서게 될지를 생각하며 살아야 합니다. 그렇게 살기 위해 우리가 꼭 해
야 할 일이 있습니다. 바로 예배입니다. 하나님 앞에서 예배할 때, 우리
는 우리 자신을 돌아볼 수 있습니다.

역대상은 예배의 중요성을 잘 알려주는 성경입니다. 역대상은 성전 건축을 준비하고, 성전에서 드리는 예배 제도를 확립한 것을 다윗의 가장 중요한 업적으로 여깁니다. 역대상은 다윗이 그의 일생을 성전과 예배를 위해 바쳤다는 점을 강조합니다. 역대상 11장부터 다윗의 이야기가 시작합니다. 왕이 된 다윗이 처음 한 일은 예루살렘 성을 정복한 것입니다. 나중에 다윗이 정복한 예루살렘에 성전이 들어섭니다. 다윗이 성전 터를 준비했다고 볼 수 있습니다. 다윗은 예루살렘을 정복한 후에 그곳으로 언약궤를 옮깁니다(대상 13-15장). 십계명 돌판이 들어 있는 언약궤는 하나님의 임재를 상징하는 성물입니다. 하나님께 드리는 제사는 반드시 언약궤가 있는 곳에서 드리는 것이 원칙이었습니다. 다윗은 언약궤를 옮기기 위해 제사장과 레위인을 소집하였고, 찬양대도 조직하였습니다. 드디어 언약궤를 예루살렘으로 옮긴 뒤, 다윗은 그 앞에서 날마다 제사를 드렸습니다(대상 16장). 그는 언약궤를 운반한 사람들 즉 제사장들, 레위 사람들, 찬양대를 계속 예루살렘에 거주하게 하며, 그궤 앞에서 온전한 제사가 시행되도록 하였습니다.

　　역대상 17장에는 다윗이 성전 건축 계획을 발표하는 장면이 나옵니다. 그런데 하나님께서 다윗의 이 계획을 막으시고, 그의 아들 솔로몬이 성전을 지을 것이라고 하셨습니다. 다윗은 성전 건축을 포기하고, 성전을 지을 준비를 합니다. 전쟁에서 얻은 전리품 중 성전 건축에 필요한 것들을 따로 모아 놓고(대상 18-20장), 성전 부지를 준비하고(대상 21장), 성전 건축에 필요한 돌이나 백향목 같은 재료들을 준비합니다(대상 22장). 성전에서 봉사할 사람들을 세우고 조직합니다(대상 23-27장). 다윗은 성전 설계도를 만들고, 공사와 예배를 도울 사람들까지도 세워 놓았습니다. 다윗은 그 모든 것을 솔로몬과 신하들에게 넘기며 성전을 지으라고 명령하였습니다(대상 28-29장). 이것이 다윗의 일생입니다. 다윗은 성전과 예배를 위해 일생을 바쳤습니다.

예배를 통해 극복하는 인생의 유한함과 연약함

역대상 28-29장은 죽음을 앞둔 다윗의 유언입니다. "우리는 우리 조상들과 같이 주님 앞에서 이방 나그네와 거류민들이라. 세상에 있는 날이 그림자 같아서 희망이 없나이다"(대상 28:15). 다윗은 자신이나 이스라엘 민족이 나그네에 불과하고, 그림자처럼 잠시 있다가 사라지는 존재에 불과하다고 고백하였습니다. 그는 자신이 유한하고 연약한 존재인 것을 깨닫고 일생을 성전과 예배를 위해 살았습니다.

사람은 스스로 희망을 가질 수 없습니다. 하나님 없는 인생은 나그네와 그림자에 불과합니다. 사람이 하나님에게 의존하지 않고는 인생의 의미를 찾을 수 없습니다. 성전에서 드리는 예배 없이는 인생의 의미와 목적을 찾을 수 없기에 다윗은 임금 노릇하던 40년 동안 성전 건축 준비를 하였고, 성전 예배를 위한 봉사자와 제도를 세웠습니다. 다윗이 임금으로서 이스라엘 민족에게 남긴 최대의 업적은 성전과 예배를 통해 백성들이 하나님과 가까워지고, 인생과 역사의 의미를 찾을 수 있도록 한 것입니다.

아무리 많은 재물을 모으고 높은 지위에 올라도 그것만으로는 그림자와 같은 우리 인생의 허무함을 해결할 수 없습니다. 그런데 이 시대의 사람들은 인생의 허무함 같은 것에는 관심을 두지 않습니다. 언제 끝날지 모르는 인생이니 사는 동안 오히려 마음껏 욕심을 채우려고 합니다. 인생의 유한함과 허무함에 실망한 사람들이 물질적인 욕망이라도 채워서 그것을 해소해보려고 하는 것입니다. 심지어 미래나 후세대를 생각하지 않고 지금 자신이 누리고 싶은 것, 누릴 수 있는 모든 것을 누리려고 합니다. 자연환경을 파괴하고 더럽히면서까지 욕심을 채우려고 합니다. 그래서 지구와 우리 후손의 미래는 점점 더 암울해집니다. 환경을 파괴하면서까지 욕심을 채우는 현대인들의 삶은 희망 없는 사람들의 삶의 특징입니다. 망할 날이 얼마 남지 않았으니 망하기 전에 마음껏 즐겨보자는 식으로 살고 있습니다.

기후위기 앞에 선 그리스도인들에게

이런 세상에서 우리 그리스도인들은 어떻게 살아야 하겠습니까? 우리마저 희망이 없는 사람처럼 살아서는 안 됩니다. 우리는 그 무엇보다 하나님께 예배드리는 일을 소중하게 여기고, 하나님께 예배하며 우리의 소망을 날마다 확인하며 살아야 합니다. 장차 완성될 하나님 나라를 기다리며, 하나님 나라 백성답게 살아야 합니다. 그런 삶으로 물질적인 욕망에 사로잡혀 이 세계와 후세대의 미래를 망가뜨리는 사람들을 하나님 나라로 인도해야 하겠습니다. 🕊

하나님, 생명의 의미를 잊고 현실적인 욕심을 채우기에 급급한 사람들로 인해 지구 생태계가 더러워지고 파괴됩니다. 예수님을 통해 우리에게 부활과 영생의 소망을 주신 하나님, 우리가 소망 없는 사람들처럼 물질적인 욕망에 빠져 살지 않게 하옵소서. 주님께 예배하며 우리의 소망을 확인하고, 주님과 함께 영원히 살아가게 될 날을 꿈꾸며 살게 하옵소서. 그러한 삶으로 사람들에게 진정한 희망을 일깨우며 살게 하옵소서.

1. 불과 50년 전만 하더라도 전기를 사용하지 못하는 사람들이 있었습니다. 현세대가 이전 세대에 비해 엄청나게 많은 에너지와 물건을 소비하고 있는 것에 대해 반성해봅시다.

2. 물질적인 욕망을 채우는 삶으로는 우리 인생의 허무함을 극복할 수 없습니다. 하나님 앞에서 예배하는 삶의 소중함에 대해 말해봅시다.

폐허 위에서 기도하기

역대하 6:32-42

> 자기들을 사로잡아 간 적국의 땅에서 온 마음과 온 뜻으로 주께 돌아
> 와서 주께서 그들의 조상들에게 주신 땅과 주께서 택하신 성과 내가
> 주의 이름을 위하여 건축한 성전 있는 쪽을 향하여 기도하거든, 주는
> 계신 곳 하늘에서 그들의 기도와 간구를 들으시고 그들의 일을 돌보
> 시오며, 주께 범죄한 주의 백성을 용서하옵소서 _대하 6:38-39

기도를 통해 나라를 회복하다

역대상·하는 이스라엘 민족이 망하여 바벨론에서 포로 생활을 한 뒤, 다시 고향으로 돌아와 새로운 나라를 세우는 과정에서 기록된 말씀입니다. 이런 배경 때문에 기록자는 지난 역사를 돌아보며 나라가 망한 원인을 찾고, 다시는 망하지 않는 나라를 세울 수 있는 방법을 찾고자 하였습니다. 역대상·하는 나라가 망한 원인을 성전과 예배의 타락이라고 진단하고, 성전에서 바른 예배를 드리는 것이 나라를 회복하는 길이라고 말합니다. 그래서 기록자는 다윗과 솔로몬 시대에 처음으로 성전을 짓고 예배를 드린 것을 주목하였습니다.

역대하 6장은 솔로몬의 성전 봉헌 기도를 기록하고 있습니다. 기도의 핵심은 성전에서 또는 성전을 향해서 기도하면 그 기도를 꼭 들어달라는 간구입니다. 솔로몬은 이 봉헌 기도에서 성전이 하나님을 모시는 곳이 아니라 기도하는 곳임을 강조합니다. 성전 덕분에 사람들은 하나님의 이름을 부르고 하나님께 기도할 수 있습니다. 어떤 사람은 성전을

마이크에 비유합니다. 성전은 사람의 기도를 크게 증폭해서 하나님이 잘 들으시게 한다고 하였습니다. 이처럼 사람들이 성전을 통해 얻을 수 있는 가장 큰 유익은 기도하는 것이고, 성전이 필요한 가장 큰 이유입니다.

역대하 6장 22절 이하에서 솔로몬은 구체적인 여러 가지 상황을 언급하면서, 누구든지 다양한 문제를 가지고 성전에 나와 또는 성전을 향해 기도하면 그 기도에 응답해 달라고 간구합니다. 또한 역대하 6장 34-39절 말씀에는 이스라엘이 혹여 나중에 적국에 망한다 하여도 성전을 향해 기도하면 그 기도에 응답해 달라는 간구가 담겨 있습니다. 이기도는 장차 나라가 바벨론에게 망할 것을 내다보고 드리는 기도입니다. 실제 이후 남왕국 유다는 바벨론 군대의 공격을 받았고 예루살렘 성과 성전이 모두 파괴되었습니다. 성전이 사라져 버린 것이지요. 솔로몬은 그런 상황에서라도 성전이 있었던 곳을 향해서 기도하면 그 기도에 응답해 달라고 기도한 것입니다.

모든 것을 잃어버리고 바벨론 군대에 사로잡혀 끌려간 유대인들이 바벨론에서 할 수 있는 일은 거의 없었습니다. 단지 생존하기 위해 사는 사람들이 허다했습니다. 이를 위해 바벨론 문화에 적응하고 바벨론의 신을 섬겼습니다. 그런 사람들은 하나님의 백성이라는 정체성을 잃어버리고 바벨론 사회에 동화되고 말았습니다. 그러나 모든 사람이 그런 것은 아닙니다. 다니엘처럼 하루에 세 번 예루살렘, 즉 성전이 있었던 곳을 향해서 기도하는 사람도 있었습니다. 하나님은 그러한 사람들의 기도를 들으시고, 망한 나라 백성들이 다시 고향으로 돌아가서 성전을 짓고 새로운 민족 공동체를 세우게 하셨습니다. 망한 이스라엘 민족이 성전이 있던 곳을 향해 기도함으로 다시 회복되어 이스라엘 민족의 명맥을 유지하고, 새로운 나라를 세웠습니다.

절망적인 시대에 하나님께 기도하기

오늘날 많은 학자들과 환경운동가들은 인류가 현재의 삶의 방식을 바꾸지 못할 것이고, 그 때문에 기후재앙을 피할 수 없을 것으로 전망합니다. 현대인들은 100여 년 전에 비해 수명이 두 배 이상 늘었고, 수백 수천 배의 물건과 에너지를 소비합니다. 그때는 상상도 못한 물건과 서비스를 즐기며 삽니다. 그만큼 현대인들은 많은 욕심을 채우며 산다는 뜻입니다. 그럼에도 불구하고 현대인들은 만족할 줄 모르고 더 많은 에너지를 소모하고, 더 많은 물건을 소비하고, 더 좋은 서비스를 누리려고 합니다. 이런 사람들은 욕심을 버리는 말에 귀를 기울이지 않고, 그냥 지금 살던 대로 살려고만 합니다. 많은 나라가 2050년까지 탄소 배출을 '0'(제로)으로 만들기로 합의하고 실천하기로 했지만 약속을 이행하지 않고 있습니다. 이런 식으로 살면 인류는 환경재앙을 당해 망하고 말 것입니다. 이것은 비관적인 전망을 넘어 과학적인 예측입니다.

그런데 오늘 본문은 이런 비관적인 시대를 사는 그리스도인들에게 하나님께 기도하라고 권면합니다. 죽은 사람도 살리시고 망한 민족도 다시 일으키시는 하나님께 기도하는 사람은 비관적인 시대에도 희망을 품을 수 있습니다. 흥청망청 살아가는 사람들 속에서 포기하지 않고 창조세계의 보전을 위해서 절제하며 살아갈 수 있습니다. 또한 인류가 환경재앙으로 고통을 겪고 심지어 멸망한다고 할지라도 하나님께서 다시 회복시켜주실 것이라는 희망을 품을 수 있습니다.

하나님께 기도한다는 것은 곧 하나님을 바라보고 의지한다는 뜻입니다. 또한 하나님의 뜻을 구하고 그 뜻에 순종하겠다는 의미입니다. 기도하는 사람은 하나님을 의지하고 하나님의 뜻에 순종하는 사람입니다. 이런 사람이 있는 세상에 희망이 있습니다. 기도하는 사람이 있는 세상은 망하더라도 다시 일어설 것입니다.

환경오염과 기후위기가 극심한 시대에 그리스도인마저 욕심에 사로잡혀 소비하는 일에만 몰두하고 기도하지 않는다면, 하나님의 뜻을 구하지 않는다면, 세상의 희망은 사라지고 말 것입니다. 환경재앙이 임박한 시대에 우리가 더욱 깨어서 기도하며, 하나님을 의지하고 하나님의 뜻을 따라서 살아가야 합니다. 그렇게 함으로써 환경오염과 기후재앙으로 망해가는 세상에 희망을 전파해야 하겠습니다. 🌿

우리에게 기도할 수 있는 은총을 주신 하나님, 주님은 기도하는 우리를 주목하시고, 우리의 기도에 응답하십니다. 환경오염과 기후변화로 인한 재앙이 점점 심각해지는 절망적인 시대에 우리가 더욱 간절하게 주님께 기도하게 하옵소서. 주님의 뜻을 구하고 그 뜻을 따라 살게 하옵소서. 비록 우리의 미래가 암담하지만 주님께 기도하며 희망을 잃지 않게 하옵소서. 공멸을 향해 치닫는 세상을 구원하시는 주님을 만나게 하옵소서.

1. 우리의 기도 제목을 점검해봅시다. 우리의 기도 제목이 더 많은 것을 소비하고 더 많은 것을 누리게 해 달라는 것은 아닌가요?

2. 미래를 고려하지 않고 현재를 욕심껏 누리며 소비하는 삶과 평화롭고 지속가능한 미래에 대한 희망을 품고 기도하며 절제하는 삶을 비교해봅시다. 하나님은 우리가 어떻게 살기를 원하실까요?

성전을 더럽힌 죄의 결과

역대하 36:11-21

> 모든 제사장들의 우두머리들과 백성도 크게 범죄하여 이방 모든
> 가증한 일을 따라서 여호와께서 예루살렘에 거룩하게 두신
> 그의 전을 더럽게 하였으며 _대하 36:14

성전이 더러워진 것 때문에 나라가 망하다

역대하 36장은 시드기야 왕이 다스리던 시대에 남왕국 유다가 망하는 이야기입니다. 남왕국 유다가 망한 첫째 원인은 시드기야 왕입니다(대하 36:11-13). 시드기야는 하나님 보시기에 악한 왕이었고, 하나님 앞에서 바르게 행동하지 않았습니다. 특히 하나님께서 예레미야 선지자를 보내서 그에게 말씀하셨지만 그 말씀에 순종하지 않았습니다. 시드기야 왕은 하나님을 무시하는 사람이었습니다. 그는 하나님을 예배하는 사람이 아니었습니다. 이런 어리석은 권력자 때문에 나라가 망했습니다.

나라가 망한 두 번째 원인은 성전을 더럽힌 것입니다(대하 36:14). 모든 제사장의 우두머리와 백성들이 범죄하여 이방인처럼 우상을 섬김으로써 예루살렘 성전을 더럽혔습니다. 사람들이 예루살렘 성전 안에 우상을 숭배하는 시설을 세웠고 제사장들은 그것을 방치함으로써 예루살렘 성전이 더럽혔는데, 이것이 바로 나라가 망한 원인입니다.

하나님은 당신의 백성과 "그 거하시는 곳", 즉 예루살렘 성전을 아끼셨습니다(대하 36:15). 하나님은 성전을 소중하게 여기시고 그것을 거룩

하게 지키려고 선지자들을 보내서, 제사장들과 사람들이 성전을 더럽히는 것을 막으려고 하였습니다. 하지만 사람들은 선지자의 말을 듣기는커녕 선지자를 박해하고 죽였고, 성전에서 이방의 신을 섬겼습니다. 그리하여 하나님을 예배하는 시설이 회복할 수 없을 만큼 더러워졌습니다. 이에 하나님은 벌을 내리셔서 나라를 망하게 하시고, 당신이 아끼시던 성전을 없애버리십니다. 바벨론 사람들이 성전 안에 있는 보물과 그릇들을 다 가져가고, 성전을 태워버립니다(대하 36:18-19).

역대상·하는 유대인들이 망한 나라를 재건할 때 기록한 말씀입니다. 다시는 망하지 않는 튼튼한 나라를 세우는 것이 이를 기록한 목적이었습니다. 역대상·하는 튼튼한 나라의 모범을 다윗과 솔로몬 시대에서 찾았습니다. 다윗은 성전 건축을 준비하고 성전 예배를 위해서 사람과 제도를 세웠습니다. 솔로몬은 성전을 건축하고 성전에서 거룩한 예배를 드렸습니다. 그 결과 당시 이스라엘은 역사적으로 가장 바르고 튼튼한 나라가 되었습니다.

역대상·하는 다윗과 솔로몬 시대를 강조하여 기록함으로써 성전을 깨끗하게 하고 온전한 예배를 드리는 새로운 나라를 건설하고자 하였습니다. 바벨론 포로에서 돌아온 유대인들은 그 모범을 따라 가장 먼저 성전을 짓고 성전을 중심으로 생활하였습니다. 특히 이방신을 철저히 배격하고 온전한 예배를 드리고자 하였습니다. 그 결과 다윗과 솔로몬 시대만큼 넓은 영토를 차지하지는 못했지만, 그 시대보다 훨씬 더 큰 영향을 끼치는 나라를 세웠습니다. 오늘 우리는 포로기 이후에 세워진 유대인 공동체 덕분에 구약성경을 전해 받았습니다. 또한 그 공동체를 통해 예수 그리스도가 탄생하심으로 온 세상에 미치는 구원이 임하였습니다. 성전을 깨끗하게 하고 온전한 예배를 드리는 것이 이토록 중요하다는 것을 우리는 역대상·하와 이스라엘 민족의 역사를 통해서 배울 수 있습니다.

교회의 타락은 세상의 멸망의 원인

하나님께 예배하는 공동체인 교회가 타락하는 것은 정치나 경제가 타락하는 것보다 훨씬 심각한 문제입니다. 교회의 타락은 예배 질서를 더럽히는 것이고, 그것은 나라의 멸망과 직결됩니다. 정치인이나 기업인은 그 속성상 권력이나 돈을 추구할 수밖에 없습니다. 그것 때문에 그들이 타락하는 것은 충분히 예상할 수 있습니다. 그렇다고 정치인이나 기업인 때문에 세상이 망하지는 않습니다. 그런데 교회나 교회의 지도자는 본질적으로 다릅니다. 교회는 권력이나 돈을 추구하는 공동체가 아닙니다. 이런 교회가 돈이나 권력을 추구하면 자신의 본질에서 벗어나고 제 역할을 할 수 없습니다. 교회가 타락하면 사람들이 하나님께 제대로 예배하기 어렵습니다. 또한 타락한 교회는 사회와 그 안의 사람들을 진리로 이끌 힘도 없습니다. 그 결과 사회는 길을 잃고 망할 수밖에 없습니다.

우리는 요즘 환경오염과 기후변화로 인해 큰 재앙을 만나고 있습니다. 이런 시대에도 정치인이나 경제인들은 권력을 얻고 돈을 버는 일에서 벗어나지 못합니다. 그러나 우리 그리스도인들은 다른 태도를 취해야 합니다. 교회는 인류와 나라들이 하나님을 섬기지 않고 재물과 권력을 추구함으로써 망하고 있다는 것을 깨우쳐야 합니다. 하나님을 예배하지 않고 하나님의 말씀에 순종하지 않으면 망한다는 사실을 깨우쳐야 합니다. 그런 역할을 잘 감당하려면 우리 교회가 먼저 오직 하나님을 예배하는 순수한 공동체가 되어야 합니다.

그런데 안타깝게도 이 시대의 교회는 도리어 사회로부터 많은 비난을 받고 있습니다. 교회가 교회답지 못하고, 그리스도인이 그리스도인답지 못한 것에 대한 비난입니다. 사람들은 교회나 그리스도인이 권력이나 돈을 추구하는 것에 대해 비난합니다. 하나님만 예배하고 하나님의 말씀에만 순종해야 할 교회가 욕심을 채우기 위해 자기를 더럽히고 있는 것에 대해 비난합니다. 실제로 교회의 여러 지도자

기후위기 앞에 선 그리스도인들에게

와 성도들이 물질적인 욕망과 정치적인 욕망에 사로잡혀 교회를 욕보입니다. 하나님의 말씀을 버리고 권력자나 부자에게 굽실거리는 그리스도인들도 있습니다. 하나님을 예배하는 거룩한 교회 공동체가 더러워지고 있습니다. 이것은 교회뿐만 아니라, 온 세상의 위기입니다.

지금 우리가 사는 세상은 권력이나 돈이 없어서 망하는 것이 아닙니다. 정반대로 권력이나 돈이 너무 강하고 많아서 망하고 있습니다. 이러한 세상에서 그리스도인들은 오직 하나님을 높이고 하나님만 예배하며 살아야 합니다. 그러한 삶을 통해 욕심에 사로잡힌 사람들과 나라를 깨우쳐, 기후재앙으로 파괴되어가는 세상에 희망의 빛을 비추어야 하겠습니다. 🌿

교회를 통해 세상을 이끄시는 하나님, 우리 교회가 거룩하고 순결하게 자신을 보전하고 하나님께 온전한 예배를 드리게 하옵소서. 환경오염과 기후변화로 인한 재앙이 점점 많아지는 시대를 사는 우리 그리스도인들이 주님을 예배하는 신령한 기쁨을 추구하고 누리게 하옵소서. 그리하여 물질적인 욕망을 채우는 일에 급급한 사람들의 어리석음을 깨우치고, 하나님께서 기뻐하시는 삶으로 인도하게 하옵소서.

1. 타락한 종교 때문에 공동체나 나라가 망한 예를 찾아봅시다.

2. 기후위기 시대에 권력이나 돈을 추구하는 정치인이나 경제인보다 하나님을 예배하는 그리스도인이 더 중요하다는 사실에 대해서 토의해봅시다.

순수한 신앙 공동체 만들기

에스라 9:1-11

이에 이스라엘의 하나님의 말씀으로 말미암아 떠는 자가 사로잡혔던
이 사람들의 죄 때문에 다 내게로 모여오더라. 내가 저녁 제사 드릴
때까지 기가 막혀 앉았더니 _스 9:4

거룩한 예배 공동체를 세운 유대인들

역대상, 역대하, 에스라, 느헤미야는 '역대기 역사서'라고 불립니다. 이 네 권의 책은 같은 관점으로 기록되었습니다. 성전을 거룩하게 하고 온전한 예배를 드리는 것이 평화롭고 튼튼한 나라를 세우는 유일한 길이라는 관점입니다. 역대상·하가 나라의 멸망 원인을 성전과 예배가 더럽혀진 것에서 찾고 반성을 촉구하는 일에 초점이 맞춰져 있었다면, 에스라와 느헤미야는 그 반성을 기초로 새로운 나라를 세우고자 한 사람들의 이야기입니다. 바벨론 포로 생활을 마치고 돌아온 유대인들은 역대상·하의 교훈을 따라 새로운 나라를 세우고자 합니다. 에스라와 느헤미야는 그러한 시대의 지도자였습니다.

에스라 1-6장에는 바벨론에서 포로 생활을 하던 유대인들이 해방되어 고향으로 돌아와 어려운 여건에서도 힘을 모아서 성전을 완공하는 이야기가 나옵니다. 그런데 성전을 짓는 것만으로는 튼튼한 나라를 세울 수 없습니다. 그 성전에서 온전한 예배를 드리는 것이 더 중요합니다. 이러한 일을 잘 준비하고 추진한 사람이 바로 에스라입니다.

에스라는 페르시아에 머물며 율법을 수집하고 연구하였습니다. 그

는 고국으로 돌아오기 전에 백성들에게 율법을 가르쳐서 율법대로 예배드리고 생활하게 하여 강한 나라를 만들고자 하는 마음을 품었습니다. 그런데 에스라가 고국으로 돌아왔을 때 유대인들, 심지어 가장 거룩해야 할 제사장과 레위인들이 이방인들의 풍습을 따르고 이방인들과 혼인 관계를 맺고 사는 모습을 봅니다(스 9:1-2). 이런 모습을 보며 에스라는 속옷과 겉옷을 찢고, 머리털과 수염을 뜯으며 슬퍼합니다(스 9:3). 그는 유대인들이 성전을 짓긴 했지만, 하나님의 말씀에서 벗어나 타락한 문화를 받아들이며 사는 것 때문에 크게 슬퍼하였습니다.

그런데 에스라뿐만이 아니었습니다. "이에 이스라엘의 하나님의 말씀으로 말미암아 떠는 자가 사로잡혔던 이 사람들의 죄 때문에 다 내게로 모여오더라. 내가 저녁 제사드릴 때까지 기가 막혀 앉았더니"(스 9:4)라는 말씀에서 보듯이, 이스라엘의 하나님의 말씀으로 말미암아 떠는 자들이 에스라에게 모여들었습니다. '하나님의 말씀 때문에 떠는 사람들'은 하나님의 말씀의 능력을 아는 사람들이요, 그들의 조상들이 하나님의 말씀을 어긴 것 때문에 나라가 망한 것을 아는 사람들입니다. 그들은 하나님의 말씀을 어기고 살면 하나님의 말씀 때문에 망한다는 것을 알기에 두려워 떨었습니다. 이렇게 모인 사람들이 함께 하나님 앞에서 예배를 드리며 많은 사람 앞에서 공개적으로 죄를 고백하고 회개합니다. 특히 이방인들의 부정한 풍습을 받아들여서 자신들을 더럽혔다고 고백하였습니다. 이후 유대인들은 철저하게 율법을 따라 살고, 특히 율법에 정해진 대로 성전에서 하나님께 예배를 드립니다. 그리하여 바벨론에게 망하기 이전과는 확연히 다른 새로운 공동체, 순수한 공동체를 세웁니다. 이러한 공동체 덕분에 유대인들이 오늘날까지 존속하게 되었고, 구약성경과 예수 그리스도를 세상에 선물로 주게 되었습니다.

하나님의 말씀보다 돈과 권력을 앞세우다 타락하는 교회

세상의 나라들은 경제적으로 부자가 되는 것을 가장 큰 목표로 삼습니다. 이미 충분히 잘사는 미국을 비롯한 서방의 여러 나라도 더 잘살 아보겠다고 욕심을 부립니다. 기독교 정신을 바탕으로 세워진 나라들도 물질적으로 풍요롭게 사는 것을 가장 중요하게 여깁니다. 이처럼 하나님의 말씀을 따르기보다는 부패한 세상의 문화와 욕심에 이끌려 사는 사람들과 나라들이 늘어나기 때문에 세상은 더욱 살기 힘든 곳으로 변합니다. 하나님께서 이 세상에 벌을 내리시고 있다고 볼 수 있습니다.

국내외적으로 빈부 격차가 날로 심해집니다. 부자는 더 부자가 되고, 가난한 사람은 더 가난해지는 일이 심화되고 악화됩니다. 이 문제를 빨리 해결하자고 하면 늘 '좀 더 잘살면 하자'라고 합니다. 경제가 좀 더 성장할 때까지 분배 문제는 뒤로 미루자고 합니다. 그렇게 미루는 동안 세계 곳곳에서 수많은 사람이 굶어죽고, 사람다운 삶을 누리지 못합니다. 이런 일이 수십 년 동안 계속되지만, 여전히 성장만을 추구하는 나라들이 많습니다.

가난한 이웃이 죽어가는데 그 옆에 있는 사람이 좀 더 부자가 되면 도와주겠다고 말하는 것은 얼마나 잔인한 일입니까? 그런데 그런 잔인한 일이 우리나라와 세계 곳곳에서 벌어지고 있습니다. 무엇 때문입니까? 나라가 하나님의 말씀 위에 세워지지 않고 더러운 욕심을 추구하기 때문입니다. 다시 말하면 이 세상 나라들이 하나님의 말씀에서 벗어나 타락하고 부패하였기 때문입니다. 하나님께서는 이렇게 부패한 나라를 반드시 심판하고 망하게 하십니다. 우리는 성경의 역사를 통해서 그것을 거듭 확인할 수 있습니다.

지금 우리나라를 비롯하여 세계의 여러 나라들이 망하는 길을 가고 있습니다. 기후변화와 환경오염은 지금 세계가 망하고 있다는 증거입니다. 그렇다면 우리는 어떻게 살아야 하겠습니까? 오늘 본문에 나오는 사람들처럼 하나님의 말씀 때문에 떠는 사람이 되어야 합니다. 돈을 벌지 못해서, 높은 지위에 오르지 못해서, 또는 건강이 좋지 못해서 떠는 것이 아니라 하나님의 말씀대로 살지 못하고 그것 때문에 망하게 되는 것 때문에 두려워하고 떨어야 합니다. 그리고 부자 나라가 아니라 하나님의 말씀에 충실한 나라를 만들어가야 합니다. 그러할 때 망해가는 이 세상이 희망을 얻을 것입니다.

　세상의 욕심을 따라 살면 망할 수밖에 없습니다. 우리의 후손들은 절망적인 환경에서 살 수밖에 없습니다. 불의한 탐욕에서 벗어나 하나님의 말씀에 충실하게 살아감으로써 우리가 속한 공동체를 말씀 위에 바로 세워야 합니다. 🌿

　하나님, 이 세상이 물질적인 풍요로움과 육체적인 안락을 추구하다가 온갖 재앙을 만나고 있사오니, 우리가 이러한 현실 앞에서 두려워하게 하옵소서. 하나님의 말씀이 무시당하는 현실 앞에서 떨게 하옵소서. 우리 그리스도인이 먼저 회개하고 오직 하나님의 말씀으로 우리 인생과 우리가 속한 공동체를 바로 세우게 하옵소서. 우리가 속한 공동체를 깨끗하게 보전하여 죽음과 절망으로 치닫는 이 세상을 바로잡고 생명의 길로 인도하게 하옵소서.

1. 돈과 권력을 앞세우는 우리 현실에 대해서 말해봅시다. 기후위기를 비롯한 온갖 재앙이 돈과 권력을 추구하는 삶에서 비롯된다는 점을 반성해봅시다.

2. 교회가 돈과 권력 때문에 타락하는 현상을 진단해봅시다. 하나님의 말씀 앞에서 두려워하고 떠는 삶의 태도에 대해서 생각해봅시다.

모든 사람이 성벽 재건에 참여하다

느헤미야 3:1-12

그 다음은 학고스의 손자 우리아의 아들 므레못이 중수하였고,
그 다음은 므세사벨의 손자 베레갸의 아들 므술람이 중수하였고,
그 다음은 바아나의 아들 사독이 중수하였고 _ 느 3:4

많은 사람이 분담하여 성벽을 재건하다

한 사람에게 모든 권한이 집중되고, 한 사람이 모든 것을 다하는 공동체는 결코 좋은 공동체라고 할 수 없습니다. 그런 공동체는 한 사람의 잘잘못에 따라 공동체 전체의 운명이 달라지기 때문입니다. 그렇기에 한두 사람이 권력과 부를 독점하는 일이 없도록 해야 합니다.

이 세상은 환경오염과 기후변화로 큰 재앙을 당할 위기를 맞았습니다. 이렇게 세상을 망가뜨리는 주범은 누구입니까? 그것은 부자 나라들, 강대국들입니다. 엄청난 자본과 뛰어난 과학 기술을 가진 나라와 사람들이 다른 나라나 다른 사람들의 통제를 받지 않고 마음껏 자기 욕심을 채우는 과정에서 이 세상이 이렇게 더러워지고 파괴됩니다. 요즘 부자 나라들이 환경 문제를 많이 걱정하고 문제 해결을 위해 앞장서는 듯하지만, 사실 이 문제들은 부자 나라들 때문에 생긴 것입니다. 또한 그 나라들은 언제든지 자신들이 가진 부와 권력을 가지고 세계 전체를 위태롭게 할 수 있습니다. 그러므로 부와 권력을 지나치게 많이 소유한 나라들이 존재하는 것은 위험합니다. 부와 권력이 적절하게 분배되어야 나라들이 서로 조심하고 경계하면서 못된 짓 하는 것을 막을 수 있

습니다.

느헤미야 3장은 한두 사람이 아니라, 모든 사람이 함께 일하는 것의 중요성을 잘 말해줍니다. 여러 사람이 함께 공동체를 책임질 때, 그 공동체가 더욱 든든하게 세워집니다. 느헤미야 1장을 보면, 느헤미야는 페르시아의 수도 수산궁에 머물면서 고향으로 돌아간 동족 유대인들이 고생하며 산다는 소식을 듣습니다. 당시 느헤미야는 페르시아의 황실에서 음식을 담당하던 고위 관리였습니다. 느헤미야는 동족의 소식을 듣고 편안한 황실 생활과 고위직까지 포기하고 고향으로 돌아옵니다. 예루살렘에 돌아온 느헤미야는 예루살렘성의 성벽이 다 무너져버린 것을 확인하였습니다. 성벽이 무너졌기 때문에 외적들이 예루살렘 주민들을 쉽게 공격할 수 있었고, 주민들의 삶은 불안했습니다. 이에 느헤미야는 무엇보다 먼저 성벽 재건을 하고자 하였습니다.

느헤미야는 예루살렘과 그 주변에 거주하는 유대인들에게 각각 일정 부분을 맡겨 성벽을 재건하게 합니다. 당시 예루살렘 성의 둘레는 3~4킬로미터 정도였습니다. 성벽 중간에 여러 개의 문과 망대가 있습니다. 그 문과 망대를 기준으로 성벽을 여러 부분으로 나누고, 각 부분을 서로 다른 사람이 맡아서 재건합니다. 다양한 방식으로 사람들이 성벽 재건 업무를 분담하여 마침내 성벽 재건 공사를 마쳤습니다. 이것은 성벽을 재건하는 방식일 뿐만 아니라, 나라와 공동체를 재건하는 방식이기도 합니다. 어느 공동체이건 한 개인에게 지나치게 의존하면 쉽게 무너집니다. 가정이나 교회 모두 한 개인이 너무 많은 일을 하면 견고하게 설 수 없고, 오래 지속될 수도 없습니다.

모든 사람이 함께 책임지는 세상

환경오염이나 기후위기를 초래한 책임을 따져보면 개인보다는 기업이나 국가에게 책임이 훨씬 큽니다. 개인이 전기를 사용해봐야 얼마나 사용하고 탄소 배출을 해 봐야 얼마나 하겠습니까? 따라서 우리는 탄소 배출이나 기후위기 문제는 정부나 기업이 알아서 해야 한다고 말할 수 있습니다. 그러나 정부나 기업이 환경을 파괴하고 탄소 배출을 많이 한 것의 결과로 우리가 지금 경제적으로 풍요롭게 살고 있다는 것을 잊으면 안 됩니다. 우리가 편안하고 풍요롭게 살려고 욕심을 부리기 때문에, 정부나 기업이 환경을 파괴하면서까지 경제적인 발전을 추구하는 것입니다. 만약 소비자인 우리가 물건을 사지 않는다면 생산자인 기업이 물건을 생산할 수 없습니다. 우리 각 사람이 환경오염과 기후위기를 초래했습니다. 그러므로 각 사람이 이 문제의 해결에 적극적으로 나서야 합니다. 비록 개인이 할 수 있는 것이 많지 않고, 개인적으로 하는 것이 기후위기의 해소에 큰 도움이 되지 않더라도 최소한의 몫이라도 감당해야 합니다.

과학 기술자에게 책임을 떠넘기는 것도 잘못된 태도입니다. 과학 기술자들이 기술을 개발해서 환경오염이나 기후위기 문제를 해결할 것이라고 생각하고 마음껏 환경을 파괴하고 탄소를 배출하면 우리 지구는 순식간에 더러워지고 망가지고 말 것입니다. 과학 기술에 의존할수록 인류는 더 빨리 멸망할 것입니다.

우리는 환경 문제가 우리 모두의 책임이라고 여기고, 이 책임을 정부나 기업, 과학 기술자에게 떠넘기지 않아야 합니다. 예루살렘의 성벽 재건에 모든 유대인이 참여하고 각자에게 맡겨진 부분을 재건한 것처럼, 오늘날 환경오염 문제 해결에 우리 모두 참여해야 합니다. 환경 문제는 우리 자신과 우리 자녀의 미래에 직결됩니다. 이 문제는 누가 대신 해결해주지 않습니다. 우리가 이러한 문제 의식을 가지고 우리 각자가 해야할 일을 해야 합니다. 모든 사람이 환경 문제에게 관심을 가지고 책임지려고 할 때, 정부나 기업도 함부로 환경을 파괴하는 행동을 하지 못할 것입니다. 그렇게 되면 기업도 변화하고, 우리나라와 이 세상 전체가 좀 더 지속가능한 방향으로 변화될 것입니다.

우리는 천지만물을 창조하신 하나님을 믿는 사람들입니다. 우리에

기후위기 앞에 선 그리스도인들에게

게 천지만물을 아름답게 보전할 사명이 있습니다. 단순히 잘 먹고 잘사는 것에만 관심을 두는 것은 하나님이 주신 사명을 외면하는 죄입니다. 인류와 창조세계의 미래가 우리 각 사람의 행동에 달려있다고 믿고, 최선을 다해서 하나님이 지으신 세계를 보전하기 위해 힘써야겠습니다. 🌿

하나님, 우리를 거룩한 교회의 한 지체로 불러주시고 우리 각 사람에게 사명을 주시니 감사합니다. 주님이 지으신 세계가 파괴되고 더러워지는 시대에, 주님이 지으신 세계를 아름답게 회복하는 일에 우리가 없어서는 안 되는 소중한 존재임을 자각하게 하옵소서. 단지 소비자로 살거나, 잘 먹고 잘사는 것만을 추구하지 않게 하옵소서. 개인적으로 또한 동료들과 함께 창조세계의 보전을 위해서 일함으로, 지속가능한 아름다운 세상을 이루어가게 하옵소서.

1. 한두 사람이나 한두 기관(회사)이 좌지우지하는 공동체의 위험성에 대해 말해봅시다. 모든 사람이 함께 책임지고 함께 만들어가는 공동체에 대해 그려봅시다.

2. 환경 문제의 책임이 모든 사람에게 있다는 점을 기억하고, 각자 해야 할 일에 대해 말해 봅시다. 환경을 파괴하는 기업에 대항하는 소비자 운동에 대해 생각해봅시다.

홀로 목숨을 건지리라 생각하지 말라

에스더 4:7-17

모르드개가 그를 시켜 에스더에게 회답하되 너는 왕궁에 있으니 모든
유다인 중에 홀로 목숨을 건지리라 생각하지 말라. 이 때에 네가 만일
잠잠하여 말이 없으면 유다인은 다른 데로 말미암아 놓임과 구원을
얻으려니와, 너와 네 아버지 집은 멸망하리라. 네가 왕후의 자리를
얻은 것이 이 때를 위함이 아닌지 누가 알겠느냐 하니 _ 에4:13-14

죽을 위기에 처한 동족의 운명에 참여하기로 결단한 에스더

남극이나 북극의 기온이 해마다 올라가 극지방의 얼음이 아주 빠른
속도로 녹아내립니다. 이로 인해 극지방에 살던 많은 동·식물이 멸종
하는 사태도 벌어지고, 극지방에 사는 주민들이 큰 피해를 입습니다.
또한 극지방의 얼음이 녹으면서 해수면 또한 점점 올라가서 태평양의
섬들이나 해안 지방의 도시들이 물에 잠깁니다. 그런데 극지방의 얼음
이 녹는 것을 반기는 사람도 있습니다. 예를 들어 북극의 얼음이 녹아
내리면서 그동안 배가 다닐 수 없는 지역에도 배가 다닐 수 있게 됩니
다. 이 때문에 이익을 보는 해운업자나 나라들이 생깁니다. 기후변화로
인해 한편에서는 재앙이 일어나고, 다른 한편에서는 오히려 이익을 얻
는 일이 벌어집니다. 그런데 이익을 얻는 사람은 극소수에 불과하고 재
앙을 당하는 사람은 셀 수 없이 많습니다. 그러므로 자기에게는 이익이
라는 이유로 지구 기온이 상승하는 것이 좋다고 말하는 사람은 어리석
기 그지없는 사람입니다. 당장 우리에게 큰 피해를 주지 않는다는 이유

로 살던 대로 계속 살면, 우리의 후손들에게 엄청난 재앙이 닥칠 것입니다.

에스더 4장은 자기만 괜찮으면 된다는 방식으로 사는 사람은 재앙을 당할 것이라고 경고합니다. 에스더서는 유대인들이 바벨론 포로 생활에서 해방되어 예루살렘으로 돌아가 성전을 재건하고 새로운 공동체를 세우던 시대에, 바벨론과 바사에 남아 있던 유대인들의 이야기입니다. 에스더라는 여성은 바벨론에 사로잡혀온 유대인의 후손입니다. 페르시아의 왕후 와스디가 폐위되고, 에스더가 그 왕후의 자리에 오릅니다. 얼마 후 유대인이자 에스더의 사촌 오빠인 모르드개가 당시 페르시아의 실권자인 하만에게 인사하지 않은 것 때문에 하만은 모르드개뿐만 아니라 모든 유대인을 죽일 계획을 세우고, 아하수에로 황제의 승인까지 받았습니다. 하만은 제비를 뽑아 유대인들을 몰살시킬 날짜를 정하고, 그날에 유대인들을 다 죽이라는 공문을 페르시아 제국 전체에 보냈습니다.

에스더 4장은 모르드개가 그러한 현실을 에스더에게 알리고 에스더와 대책을 논의하는 이야기입니다. 유대인들을 몰살시키라는 공문이 페르시아 제국 전체에 보내지자, 모르드개 뿐만 아니라 페르시아 제국의 각 지방에 사는 다른 유대인들도 모르드개처럼 금식하며 슬퍼하였습니다. 그런데 왕후 에스더는 이러한 사실을 전혀 모르고 궁궐에서 편안하게 지내고 있었습니다. 모르드개는 유대인들이 처한 상황을 에스더에게 알리고 '왕에게 나아가 자기 민족 즉 유대인을 위해서 간절히 구하라', 민족이 진멸당하지 않도록 왕에게 간절히 구하라고 부탁하였습니다(에 4:8). 모르드개의 말을 들은 에스더는 자신은 함부로 왕 앞에 나아갈 수 없다고 했습니다(에 4:11). 그러자 모르드개가 에스더를 책망하며 경고합니다. "너는 왕궁에 있으니 모든 유대인 중에 홀로 목숨을 건지리라 생각하지 말라"(4:13). 모르드개는 에스더에게 혼자 목숨을 건질 것이라고 생각하지 말라고 하였습니다. 에스더는 황후라는 지위를 이용해 다른 유대인들과는 다른 대접을 받아, 유대인들이 다 죽더라도 자기는 살 수 있다고 생각할 수 있습니다. 모르드개는 에스더에게 그런 생각은 하지 말고, 다른 동족 유대인들과 운명을 같이하라고 부탁합니다.

에스더는 규례를 어기고 왕에게 나아갈 것이며, '죽으며 죽으리이다' 라고 결단하였습니다(에 4:16). 이는 규례를 어긴 것 때문에 죽게 된다면 그 죽음을 기꺼이 감수하겠다는 뜻입니다. 에스더는 왕궁에서 자기 혼자만 편안하게 사는 길을 택하지 않았습니다. 동족과 운명을 같이 하기로 결단하고, 목숨을 걸고 왕에게 나아갔습니다. 왕은 기쁘게 에스더를 맞이하였습니다. 이후 에스더는 치밀한 계획을 세워서 여러 차례 왕을 만난 끝에 결국 하만의 계획을 철회시키고, 유대인을 죽이려고 하였던 하만과 그의 부하들을 모두 죽였습니다. 이로써 페르시아 제국 내의 유대인들은 안전하게 살게 되었습니다.

자기 홀로 편안하게 사는 삶에서 돌아서기

이 시대에 기후변화나 환경오염으로 고통을 당하고 죽어가는 사람들과 동·식물들이 많습니다. 시간이 흐를수록 그 수는 더 많아지고, 우리의 후손들은 사람이 도무지 살 수 없는 환경에서 고생할 것입니다. 현재의 세대가 배부르게 먹고 편안하고 화려하게 살기 위해 미래의 세대가 써야 할 자원까지 다 가져다 쓰고, 미래 세대의 삶의 터전까지 더럽히고 파괴하고 있기 때문입니다. 이러한 시대에 자신에게는 영향이 없다는 이유로 기후변화와 환경오염 문제에 관심을 두지 않는 것은 결코 옳은 일이 아닙니다.

무슨 일이든 공짜는 없습니다. 현세대가 화려하고 편안하게 살아가는 것에 대한 대가나 비용을 치르게 될 것입니다. 그런데 그 대가를 현세대가 아니라 미래 세대가 감당하게 되는 것이 문제입니다. 현세대가 이런 식으로 계속 살면, 미래 세대는 도무지 감당할 수 없는 대가를 치

기후위기 앞에 선 그리스도인들에게

러야 할 것입니다. 죽기 전에 마음껏 즐기며 살겠다는 태도는 다른 지역에서 기후변화와 환경오염으로 고생하는 사람들과 미래 세대를 외면하고 그들은 고생하고 죽어도 좋다는 태도나 마찬가지입니다. 우리가 그런 잔인한 사람이 되어서는 안 됩니다. 기후변화로 고생하고 죽어가는 사람들, 우리의 미래 세대를 내 몸처럼 여기고 사랑해야 합니다. 🌱

하나님, 자기만 홀로 편안하게 살고자 하는 욕심과 유혹을 물리치게 하옵소서. 기후변화와 환경오염으로 우리의 이웃인 사람들과 동·식물이 죽어가는 현실을 외면하지 않게 하옵소서. 고통받는 이웃과 미래 세대를 위해서 우리 자신을 한 발 물리고 탐욕을 제어할 힘을 주옵소서. 남의 몫까지 다 가져다 사용하고 있는 우리의 욕심을 반성하고 물리치고, 미래 세대에게 생명을 가져다주는 아름답고 복된 인생을 살게 하옵소서.

1. 환경이나 후손에게 미칠 영향은 생각하지 않고 물질적이고 육체적인 욕망을 충족시키는 일에만 몰두하는 현대인의 삶을 비판해봅시다.

2. 신음하는 피조물과 미래 세대가 겪게 될 고통에 참여하는 삶에 대해 말해봅시다. 미래 세대를 위해 지금 우리가 해야 할 일을 말해봅시다.

3

지혜

모든 생명이 하나님의 손에

욥기 12:7-10

이제 모든 짐승에게 물어보라. 그것들이 네게 가르치리라. 공중의 새
에게 물어보라. 그것들이 또한 네게 말하리라. 땅에게 말하라. 네게
가르치리라. 바다의 고기도 네게 설명하리라 _욥 12:7-8

짐승과 공중의 새와 땅과 바다의 고기에게 물어보라

욥기 11-14장은 욥과 욥의 친구 소발의 대화입니다. 12장은 소발의
말에 대한 욥의 답변 중 일부입니다. 욥은 하나님이 천지만물을 창조하
신 이야기를 예로 들어서 소발의 말에 반박합니다. 욥은 소발에게 짐승
에게 물어보고, 공중의 새에게도 물어보라고 하였습니다. 그러면 그것
들이 소발에게 가르쳐 줄 것이라고 하였습니다. 또한 땅과 바다의 고기
도 소발에게 가르치고 설명해 줄 것이라고 하였습니다(12:7-8). 이 말은
모든 짐승과 공중의 새와 땅과 바다의 생물이 소발의 선생님이라는 뜻
입니다. 이 말이 소발에게는 기분 나쁘게 들렸을 것입니다. 그러나 사
람은 우둔하여 다른 피조물에게 배워야 하는 존재입니다.

다른 피조물에게 사람을 가르칠 자격이 있습니까? 사람이 다른 피조
물에게서 무엇을 배울 수 있습니까? 이 질문에 대해 12장 9절은 이렇게
대답합니다. "이것들 중에 어느 것이 여호와의 손이 이를 행하신 줄을
알지 못하랴?" 이 구절은 모든 짐승과 공중의 새, 땅과 바다의 고기가
하나님께서 손수 자신들을 만들었다는 것을 알고 있고, 이 땅의 모든
피조물이 자신을 만드신 분은 하나님이라는 사실을 드러낸다는 뜻입니

다. 이처럼 다른 피조물이 하나님의 지혜와 하나님을 드러내기에 그들에게는 사람을 가르칠 자격이 충분합니다.

우리는 이 땅과 땅에 사는 생명체들을 통해 천지만물을 창조하신 하나님을 알 수 있습니다. 이들을 깊이 연구하다 보면 창조주 하나님의 오묘한 손길을 발견하고 하나님을 찬양하게 됩니다. 사람의 지혜가 뛰어나다고는 하지만, 사람의 지혜로는 풀 한 포기조차 만들 수 없습니다. 가장 단순한 생명체인 박테리아조차 만들지 못합니다. 이는 사람이 생명체에 대해서 모르는 것이 많다는 뜻입니다. 사람은 지구상에 존재하는 물질이나 생명체에 대해서 더 많이 공부해야 합니다. 그것을 배우면 창조주 하나님을 좀 더 알게 됩니다. 우리는 지구상에 존재하는 것들을 하나님께서 만드신 것으로 알고 귀하게 여겨야 합니다. 그저 사람의 욕심을 충족시키는 존재가 아니라, 하나님의 지혜와 섭리가 담겨 있는 소중한 존재로 여겨야 합니다.

욥기 12장 10절은 생명체에 대해서 이렇게 말합니다. "모든 생물의 생명과 모든 사람의 육신의 목숨이 다 그의 손에 있느니라." 모든 생물의 생명과 사람의 목숨이 하나님의 손에 있습니다. 지구상에 있는 모든 생명체의 생명을 하나님이 주관하십니다. 그러므로 사람이 함부로 다른 생명체를 죽여서는 안 됩니다. 생명은 하나님의 손에 있기 때문에, 모든 생명체를 하나님처럼 소중하게 여겨야 합니다.

사람의 목숨만 소중하고 다른 생명체는 단지 사람을 위해서 존재한다고 여기는 인간 중심적인 세계관을 버려야 합니다. 다른 생명체를 우리의 것이 아니라 하나님의 것이라고 여기고 함부로 대하지 않아야 합니다. 다른 피조물을 우리의 선생님으로 여기고 그들로부터 창조주 하나님에 대해 배워야 합니다.

인간 중심주의에서 벗어나기

세계 역사에서 근대라는 시기는 인간 중심주의가 가장 강한 시대였습니다. 근대에는 모든 판단의 기준이 인간의 이성이었습니다. 하나님의 존재도 부정하고, 기독교나 성경도 무가치한 것으로 여겼습니다. 과학 기술이 발전했고 그것을 바탕으로 산업혁명이 일어났습니다. 인간이 개발한 기술로 온갖 물건을 만들고 소비하였습니다. 그런 과정에서 자연환경이 무참하게 훼손되었습니다. 땅과 물과 공기가 더러워져서 수많은 동·식물이 삶의 터전을 빼앗기고 죽었습니다. 사람마저 생존을 위협받기 시작했습니다. 또한 사람들은 과학 기술로 개발한 무기를 가지고 전 세계적인 전쟁을 두 번이나 일으켰습니다. 2차 세계대전에서는 핵무기까지 사용하였습니다. 이러한 전쟁 역시 사람과 많은 생명체의 목숨을 앗아갔습니다. 이처럼 인간이 자신의 이성과 이익을 앞세우던 인간 중심주의 시대에 지구환경이 급속하게 훼손되었습니다. 근대는 실패한 시대라고 규정할 수 있습니다.

근대의 연장 선상에서 살고 있는 우리 인류는 겸손해야 합니다. 자신의 교만과 실패를 인정하고 회개해야 합니다. 특히 인간 중심주의에서 벗어나야 합니다. 교만하게 자신이 가장 지혜롭다고 생각하지 않아야 합니다. 동물들에게 묻고, 바다생물들에게 가르침을 받아야 합니다. 다른 피조물을 선생님으로 삼고 그들로부터 배워야 합니다. 인류는 하나님께서 만드신 창조세계의 일부라는 것을 깨닫고 다른 피조물과 조화롭게 살아가는 법을 배워야 합니다. 우리는 우리가 만들어낼 수 없는 생명체 앞에서 경외심을 가져야 합니다. 그 생명체를 이용해서 우리 자신을 유익하게 할 생각을 하지 말고, 겸손하게 그 생명체로부터 창조주 하나님에 대해서 배우려고 해야 합니다.

사람은 결코 세상의 중심이 아닙니다. 사람의 이성이 진리의 기준이 될 수 없습니다. 사람에게 이익이 되는 것이나, 사람의 욕심을 채우는 것이 선의 기준이 될 수 없습니다. 그동안 인류가 자기 중심적으로 살면서 세상을 망가뜨렸다는 것을 결코 잊지 않아야 합니다. 사람은 하나님께서 창조하신 여러 피조물 중의 하나입니다. 하나님은 사람들로 하여금 다른 피조물을 의존하고, 그들에게 배우며 살도록 하셨습니다. 이러한 하나님의 뜻을 따라서 다른 피조물을 우리의 동료로, 우리의 선생님으로 여기며 살 때, 모든 생명체가 조화롭게 공존하는 세상이 이루어질 것입니다. 🌿

하나님, 죄로 오염되어 자신을 높이고 유익하게 하는 일에만 익숙한 우리를 긍휼히 여겨 주옵소서. 어리석고 연약한 인간은 다른 피조물의 도움 없이는 살 수 없는 존재임을 깊이 깨닫게 하옵소서. 다른 피조물을 멸종시키면서까지 자신의 욕심을 충족시키는 범죄를 중단하고, 다른 피조물에게 배우고, 다른 피조물을 의존하며, 하나님이 창조하신 세계에서 모든 피조물이 조화를 이루며 살게 하옵소서.

1. 인류는 하나님이 창조하신 천지만물의 일부에 불과하지만, 그러한 본분을 망각하고 천지만물의 주인 행세를 하고 있는 것에 대해 반성해봅시다.

2. 우리 주변의 동·식물에게 배운 경험을 나누어봅시다. 우리 주변의 동·식물은 우리에게 꼭 필요한 존재라는 것을 깊이 생각해봅시다.

모든 피조물을 먹이시는 하나님

욥기 38:39-39:12

까마귀 새끼가 하나님을 향하여 부르짖으며 먹을 것이 없어서 허우적
거릴 때에 그것을 위하여 먹이를 마련하는 이가 누구냐? _욥 38:41

욥이 알지 못한 야생 동물의 세계

세계 각 지역 사람들은 자기들이 거주하는 곳의 환경에 신체적으로
나 사회적으로 오랫동안 적응하고 그에 적합한 방식으로 삽니다. 그런
환경이 갑작스럽게 바뀌면 적응하기가 쉽지 않습니다. 무더위나 추위
를 모르고 살던 사람에게 무더위나 추위가 닥치면 목숨을 잃을 수도 있
습니다. 기후변화는 사람의 목숨을 앗아갈 수 있는 매우 위험한 현상입
니다. 그런데 요즘 기후변화가 일상이 되었습니다. 우리의 몸이 그런
기후변화에 적응하려면 오랜 시간이 필요합니다. 이 때문에 기후변화
에 적응하지 못하는 사람이 많고, 그런 사람들에게 기후변화는 재앙이
될 수밖에 없습니다. 욥기 38장과 39장은 사람과 다른 피조물이 살기에
적합한 환경을 만들어주시는 창조주 하나님에 대해서 말합니다. 지금
인류가 만들어내고 있는 기후변화는 이 세상의 모든 피조물을 보호하
시는 하나님을 거역하는 큰 범죄입니다. 인류가 사람을 포함한 모든 생
물이 오랫동안 적응한 환경을 인류가 임의로 바꾸어서 많은 생명을 죽
음으로 몰아가고 있기 때문입니다.

욥기의 주된 내용은 재앙을 당한 욥과 그 욥을 위로하려고 찾아온 욥

의 세 친구들 사이의 대화입니다. 대화의 주제는 사람이 겪는 고난의 본질입니다. 욥의 친구들은 죄악 때문에 고난이 온다고 주장하였고, 욥은 그렇지 않다고 주장하였습니다. 욥은 친구들의 말에 실망하고, 친구들의 말에는 귀를 기울이지 않았습니다. 그는 하나님께 목소리를 높이며, 자신의 억울함을 풀어줄 분은 하나님밖에 없고, 하나님께서 친히 자기에 말씀해주셔야 한다고 주장하였습니다.

욥기 38장을 보면 하나님이 욥 앞에 등장하십니다. 그런데 하나님은 인간 세계에 있는 고난에 관해서 명확한 대답을 하지 않으십니다. 하나님은 욥의 말에 대해 반박하지도 않으시고, 욥이 궁금해 하는 것들을 설명하지도 않으십니다. 그 대신에 여러 가지 질문을 하십니다. 욥기 38장부터 41장에 하나님이 욥에게 하시는 70여 가지 질문이 나옵니다. 38장 39절 이하에서 하나님은 개별 야생 동물들에 대해서 질문합니다. 하나님께서 욥에게 사자와 까마귀 같은 들짐승이 어떻게 먹고 사는지 아느냐고 묻습니다(욥 38:39-41). 이러한 질문에 욥은 대답하지 못합니다. 배고픈 까마귀나 다른 짐승에게 사람이나 다른 짐승은 먹이를 주지 않습니다. 이 질문에 대한 답은, 사람은 신경도 쓰지 않는 까마귀와 다른 짐승들에게 하나님께서 먹이를 주신다는 것입니다. 39장에서도 야생 동물들에 대한 질문이 이어집니다. 이러한 질문들은 하나님이 야생 동물들을 세심하게 돌보신다는 것을 알게 합니다.

하나님은 여러 가지 질문을 통해 인간의 무지와 무능을 일깨워주셨습니다. 사람의 지식이나 능력으로는 도무지 알 수 없고, 할 수 없는 것들이 많다는 것을 깨우쳐주셨습니다. 욥은 자신이 이해할 수 없는 고난 때문에 불평하고 하나님을 원망하였습니다. 하나님께서는 그러한 욥에게 욥이 이해하지 못하고 알지 못하는 것이 있다고 말씀하셨습니다. 욥은 이러한 하나님의 말씀을 듣고 자신의 무지와 한계를 인정하고, 이해할 수 없었던 고난을 받아들입니다.

야생 동물의 현실을 돌아보라

다른 피조물은 생각하지 않고 오직 사람의 이익만을 위해서 자연을 파괴하고 더럽히는 인류는 야생동물들이 어떻게 무엇을 먹고 사는지 관심을 기울여야 합니다. 그동안 인류는 자신의 생활 방식이 다른 동·식물에게 끼치는 영향에 대해서 깊이 생각하지 않았습니다. 하나님께서 먹여주시는 피조물을 무시하였습니다. 그 결과 환경이 파괴되고 수많은 동·식물이 죽었습니다. 거기에 그치지 않고 인류의 건강과 생명까지 위협받고 있습니다.

대규모 사업을 하려면 그전에 반드시 환경 영향 평가를 해야 합니다. 먼저, 사업이 환경에 미치는 영향을 조사해서 환경을 크게 파괴하지 않고 그곳에 사는 동·식물에게 큰 해를 끼치지 않는다는 결과가 나와야만 그 사업을 진행할 수 있습니다. 인류가 그동안 무분별하게 개발한 것이 동·식물뿐만 아니라 인간 자신에게도 좋지 않았다는 것을 깨달았기 때문에 환경 영향 평가제도가 생겼습니다. 대규모 개발 사업을 하면 건축업자를 비롯해서 소수 사람들이 돈을 벌지만, 그보다 훨씬 많은 사람과 동·식물이 고생을 하고 심지어 죽는 일까지 생깁니다. 그러니 그런 일이 벌어지지 않도록 어떤 사업을 하기 전에 그 사업이 자연 생태계에 미치는 영향을 세심하게 조사하도록 한 것입니다.

그런데 이런 환경 영향 평가를 제대로 하지 않는 경우가 많습니다. 특히 국가가 나서서 하는 대규모 국책 사업이나, 정치인들이 앞장서는 사업은 환경 영향 평가를 아예 면제받거나 하더라도 형식적으로 하는 경우가 많습니다. 부자나 권력자들이 돈이나 권력으로 환경 영향 평가를 무력하게 만듭니다. 그러다보니 환경은 계속 파괴되고 더러워집니다.

인도네시아와 브라질에 열대우림이 있습니다. 열대우림은 두 나라뿐만 아니라 전 세계에 산소를 공급합니다. 이 때문에 그 지역을 지구의 허파라고 부릅니다. 만약 적도 근처의 열대우림이 다 훼손되면 지구에 산소가 부족해지고 이산화탄소가 늘어나서 사람이 살 수 없게 됩니다. 그런데 그 열대우림이 계속 사라지고 있습니다.

하나님은 우리에게 지금 주변에서 벌어지는 일들을 살펴보라고 하십니다. 우리 주변에 있는 동·식물들이 어떻게 살고 있는지 공부하라고 하십니다. 그동안 당신이 먹여주심으로 보전해온 수많은 동·식물이 인간 때문에 고생하고 죽는 현실을 보라고 하십니다. 또한 이런 일이 계속되면 우리도 고생하고 죽을 것이라고 경고하십니다.

이러한 하나님의 말씀에 순종해야 합니다. 눈앞에 있는 경제적인 이익이나 육체적인 편안함만 추구하는 것은 범죄입니다. 우리 주변에 있는 동·식물을 부지런히 살피고 그들이 잘 살 수 있는 환경을 만듦으로써, 창조세계와 우리 인류를 보전하는 사명을 이루어야 하겠습니다. ✎

온 세상을 창조하시고 다스리시는 하나님, 우리는 이 세상에 존재하는 어느 것 하나도 제대로 이해하지 못하는 어리석고 연약한 존재인 것을 깨닫게 하옵소서. 주님께서 지으신 피조물을 더럽히고 파괴하는 것이 우리 자신을 더럽히고 파괴하는 것임을 깨닫게 하옵소서. 주님께서 지으신 이 세계와 이곳에 사는 동·식물을 부지런히 살피고, 그들이 살기에 좋은 세상을 만들어가게 하옵소서. 그리하여 주님이 만드신 이 세계를 아름답게 보전하게 하옵소서.

1. 우리 지식의 한계에 대해 말해 봅시다. 우리가 주로 아는 것과 알고 싶어 하는 것은 무엇입니까? 하나님이 창조하신 세계와 이 세계에 사는 피조물을 얼마나 알고 있습니까?

2. 우리의 무관심과 무지 때문에 죽어가는 수많은 동·식물의 신음소리를 들어봅시다.

밤하늘에 빛나는 별들

시편 8:1-9

주의 손가락으로 만드신 주의 하늘과 주께서 베풀어 두신 달과
별들을 내가 보오니, 사람이 무엇이기에 주께서 그를 생각하시며,
인자가 무엇이기에 주께서 그를 돌보시나이까? _ 시 8:3-4

밤하늘에 빛나는 별들이 주는 감동

요즘 밤하늘에서 별을 보기가 쉽지 않습니다. 대기 오염 물질이 하늘에 가득 쌓여 있어서 우리의 시야를 가립니다. 또한 지상에서 비치는 빛이 우리의 시야를 가로막습니다. 밤에도 대낮처럼 환하게 불을 켜놓는 대도시에서 밤하늘의 별을 보는 것은 어렵습니다. 이 때문에 밤하늘에 빛나는 별들을 주제로 하는 문학이나 예술 작품을 만들기가 어렵습니다. 그만큼 우리의 삶은 피폐해졌습니다. 우리가 정서적으로 보다 풍요롭게 살려면 우리가 사는 곳의 하늘은 맑아지고, 밤에는 어두워져야 합니다. 밤에는 불을 끄고 노동이나 유흥을 중단해야 합니다. 돈과 쾌락을 위해서, 밤에도 계속 불을 켜면 우리 삶은 더욱 피폐해집니다.

시편 8편은 밤하늘에 빛나는 별이 얼마나 소중한 존재인지를 잘 말해줍니다. 시편에는 하나님이 창조하신 세계의 아름다움과 이 세계를 창조하신 하나님의 위대하심을 찬양하는 노래들이 많습니다. 밤하늘에 빛나는 별들뿐만 아니라, 아름다운 산과 바다, 생동하는 생명세계 주변의 많은 것들이 우리 마음에 기쁨과 감동을 줍니다. 이러한 감동 덕분에 한층 더 풍요로운 인생을 살고, 창조주 하나님을 생각하며, 하나님의

뜻을 따라 살 수 있습니다.

시편 8편 3절을 보면 시인이 이 노래를 언제 만들었는지 알 수 있습니다. "주의 손가락으로 만드신 주의 하늘과 주께서 베풀어 두신 달과 별들을 내가 보오니"(시 8:3). 시인은 하나님이 지으신 하늘과 그 하늘에 만들어두신 달과 별들을 바라봅니다. 이것을 보면 시인이 밤에 하늘을 보는 중에 이 노래를 지었다는 것을 알 수 있습니다. 시인이 어느 날 밤에 하늘을 보았는데, 수많은 별과 달이 있었습니다. 시인은 밤하늘에 있는 많은 별과 환한 달을 보면서 큰 감동을 받습니다. 그 감동이 시편 8편을 만들어냈습니다.

시인은 밤하늘에 있는 달과 별들을 보며 먼저 하나님을 찬양하였습니다. "여호와 우리 주여, 주의 이름이 온 땅에 어찌 그리 아름다운지요, 주의 영광이 하늘을 덮었나이다"(시 8:1). 시인은 밤하늘에 가득한 별들과 달의 아름다움에 감동하고, 그렇게 아름다운 세상을 창조하신 하나님의 솜씨를 찬양하였습니다.

하나님은 성경뿐만 아니라 자연과 인류 역사를 통해 당신을 드러내며 사람에게 말씀하십니다. 이 세상은 하나님에 대해 말해주는 선생님과 같습니다. 이 때문에 인류가 자연세계를 통해 무수한 영감을 얻고, 진리를 깨닫고, 하나님에 대해서도 깨달았습니다. 자연세계에 하나님이 담겨 있기 때문에 자연세계를 바라보는 것만으로 많은 사람이 감동과 지혜와 용기를 얻었습니다. 그리고 그것을 예술과 문학과 철학과 종교를 통해 표출하였습니다.

그러므로 자연세계가 훼손되는 것은 우리 인류에게 엄청난 손실이 아닐 수 없습니다. 밤하늘의 별들을 통해 말씀하시는 하나님의 음성을 듣지 못하는 사람은 밤하늘을 보면서 아무런 감동도 받지 못하고 아무런 힘도 얻지 못합니다.

밤하늘을 보던 시인이 자신의 존귀함을 깨달음

밤하늘을 보던 시인은 하나님을 찬양하는 중에 자기 자신에 대해서 새로운 깨달음을 얻습니다. "사람이 무엇이기에 주께서 그를 생각하시며, 인자가 무엇이기에 저를 권고하시나이까?"(시 8:4) 시인은 밤하늘에 있는 달과 별들을 보다가 사람, 즉 자신에 대해서 생각하게 되었고, 하나님께서 사람을 얼마나 많이 생각하며 사랑해주시는지를 깨달았습니다. 사람은 세상을 바라보면서 아름다움을 느끼고, 세상을 지으신 분을 생각할 수 있는 존재입니다. 하나님은 사람을 창조세계를 감상하고 돌보고 하나님을 찬양할 수 있는 존재로 창조하셨습니다. 시인은 이것 때문에 하나님의 사랑에 감격하고 하나님을 찬양하였습니다.

사람은 참 특별한 존재입니다. 사람은 세상의 한 부분으로 살다가 죽으면 흙이 되어 땅의 한 부분이 됩니다. 하지만 그게 전부는 아닙니다. 사람은 동시에 세상을 바라보고 다스리는 자리에 있습니다. 이것은 하나님의 위대한 섭리입니다. 시편 8장 5절을 보면 시인은 사람이 하나님보다 조금 못한 위대한 존재이고, 영화와 존귀의 관을 썼다고 하였습니다. 대부분의 동물이 본능을 따라 살다가 죽지만, 사람은 세상을 느끼고 하나님을 찬양하며 사는 특별한 존재입니다. 사람은 다른 피조물을 잘 다스리고 인도해서 아름다운 세상을 만들어가는 하나님보다 조금 못한 존재입니다.

이런 깨달음을 얻은 사람과 얻지 못한 사람은 삶의 방식에 큰 차이가 납니다. 깨달음을 얻은 사람이 진정으로 사람답게 하나님이 주신 사명을 이룰 것입니다. 반면 이런 깨달음이 없는 사람은 다른 피조물에게 종속되고 욕심의 노예가 되어 하나님이 창조하신 세계를 망가뜨리고 더럽힐 것입니다. 밤하늘을 보며 감탄하는 사람이 자신이 하나님보다 조금 못한 존재인 것을 깨닫고 진정으로 위대한 인생을 살 수 있습니다.

안타깝게도 우리가 사는 세상이 타락해서 밤하늘을 보지 못하게 합니다. 돈과 욕심을 전부로 알고 창조세계를 파괴하고 더럽혀 창조세계의 아름다움을 망가뜨립니다. 이 때문에 사람들은 하나님보다 조금 못한 존재가 아닌, 그저 타락한 존재로 살아갑니다. 우리는 이런 현실을 안타깝게 여겨야 합니다. 사람이 하나님께서 창조하신 섭리를 따라 하나님의 창조세계를 바라보며 감탄하고, 아름답게 회복시키며 아름다운 세계를 즐거운 마음으로 바라보며 살아야 하겠습니다.

우리를 주님보다 조금 못한 존재로 창조하신 하나님, 주님이 지으신 세상 만물을 바라보며 아름다움을 느끼게 하시니 감사합니다. 천지만물을 창조하신 하나님을 찬양하고, 주님이 지으신 피조물을 다스리며 살게 하시니 감사합니다. 오염 물질이 가득한 하늘과 밤에도 꺼지지 않는 도시의 불빛 때문에 하늘의 별을 보지 못하는 우리를 불쌍히 여겨 주옵소서. 물질적인 욕망에서 벗어나, 주님이 지은 창조세계를 바라보며 경탄하고 하나님을 찬양하며, 하나님이 지으신 세계의 청지기로서 아름다운 세상을 만들어가게 하옵소서.

1. 밤에도 꺼지지 않는 전등에 대해서 말해봅시다. 밤하늘을 바라볼 여유 없이 살아가는 우리 삶에 대해 반성합시다.

2. 하나님이 창조하신 사람의 위대함에 대해 말해 봅시다. 우리는 하나님의 창조 섭리를 따라 위대한 존재로 살고 있습니까?

하나님의 말씀이 온 땅에

시편 19:1-6

하늘이 하나님의 영광을 선포하고, 궁창이 그의 손으로 하신 일을 나타내는도다. 날은 날에게 말하고 밤은 밤에게 지식을 전하니, 언어도 없고 말씀도 없으며 들리는 소리도 없으나, 그의 소리가 온 땅에 통하고 그의 말씀이 세상 끝까지 이르도다 _ 시 19:1-4상

하나님을 드러내는 자연세계

한국 기독교의 특징 중 하나는 기도원입니다. 우리나라처럼 기도원이 많은 나라가 없습니다. 그런데 그 기도원이 대부분 산에 있습니다. 산에 기도원이 많이 세워진 이유가 있습니다. 한국교회 역사 초기부터 산에서 기도하는 중에 하나님을 믿고 깊은 깨달음을 얻은 사람들이 많았습니다. 길선주 목사님 같은 분이 대표적인 인물입니다. 그분은 산에서 기도하는 중에 예수님을 믿게 되었고, 그 후에도 계속 산에서 기도하며 신앙생활을 하였습니다. 한국교회 역사에서 이런 분들이 많이 있었기 때문에 지금까지도 산에서 기도하는 사람이 많습니다. 대도시나 대도시에 있는 여러 가지 문명 시설이 우리 신앙 생활에 꼭 도움이 되는 것은 아닙니다. 사람들이 만들어놓은 것들로 꽉 찼기 때문에 하나님의 손길을 느끼지 못하고 하나님에게서 멀어질 수 있습니다.

시편 19편은 하나님께서 창조하신 세계가 하나님의 영광을 드러내고 하나님의 뜻을 전해준다고 말합니다. 하늘과 궁창이 하나님의 영광을 선포하고 하나님이 하신 일을 나타냅니다(시 19:1). 궁창은 하늘과 땅

사이에 있는 일정한 공간을 가리킵니다. 하늘과 그 아래의 공간에 있는 것들이 다 하나님의 영광을 드러냅니다. 하늘에 있는 것들을 단지 물질로만 보아서는 안 됩니다. 하늘에 있는 것들은 그 속에 하나님의 영원하신 능력과 신성을 담고 있습니다(롬 1:20). 그들은 하나님의 작품이기에 그 속에 하나님의 능력과 하나님의 손길이 담겨 있습니다.

"날은 날에게 말하고, 밤은 밤에게 지식을 전하니"(시 19:2)를 새번역 성경으로 보면 "낮은 낮에게 말씀을 전해주고, 밤은 밤에게 그 지식을 전해준다"입니다. 날(낮)과 밤 역시 하나님의 피조물입니다. 낮은 낮에게 말씀을 전하고, 밤은 밤에게 지식을 전하며 하나님의 영광을 드러냅니다. 그러므로 우리는 낮에 하나님의 말씀을 들을 수 있고, 밤에도 하나님의 뜻을 깨달을 수 있습니다. 낮과 밤이 계속 교차하는 가운데 우리는 하나님을 더 많이 더 깊이 알아갈 수 있습니다.

"언어도 없고 말씀도 없으며 들리는 소리도 없으나 그의 소리가 온 땅에 통하고, 그의 말씀이 세상 끝까지 이르도다"(시 19:3-4상). 물론 천지만물이 사람이 들을 수 있는 말로 하지는 않습니다. 그런데 그 소리가 온 땅에 통하고 그의 말씀이 세상 끝까지 이릅니다. 천지만물이 온 땅과 온 세상이 다 보고 다 들을 수 있도록 하나님의 영광을 선포하고 하나님이 하신 일을 나타냅니다.

하늘과 땅에 있는 모든 피조물이 오케스트라처럼 다양한 소리와 다양한 모양으로 하나님의 영광을 아름답고 웅장하게 드러냅니다. 우리는 지금 이 세상에서 하나님과 하나님의 뜻을 드러내는 오케스트라의 연주 소리를 들으며 살고 있습니다.

물질 덩어리가 아닌 하나님의 영광을 드러내는 피조물

우리가 피조물 자체를 하나님으로 여기고 섬기는 것을 조심해야 합니다만, 하나님이 창조하신 피조물을 단순한 물질 덩어리로만 여기는 것도 조심해야 합니다. 인류는 지난 200~300년 동안 땅과 하늘에 있는 것들을 단순히 물질 덩어리로 여기고 자기들 욕심대로 파괴하고 더럽히며 살았습니다. 땅과 하늘에 있는 것들을 하나님의 작품으로 여기지 않았고, 그 안에 하나님의 영원하신 능력과 신성이 담겨있다는 것을 인정하지 않았습니다. 피조물을 통해서 말씀하시는 하나님의 음성을 듣지 못했습니다. 그러다보니 하나님으로부터 멀어졌고, 하나님이 창조하신 세계를 파괴하고 더럽히는 범죄를 저질렀습니다. 그 결과 많은 사람이 파괴된 환경에서 고생하고 목숨을 잃고 있습니다. 앞으로도 계속해서 피조물을 단순한 물질 덩어리로만 여기고 인간의 욕심을 위해서 파괴한다면 인류의 미래는 어두워질 것입니다.

시편 19편은 하나님께서 당신이 창조한 피조물을 통해 우리에게 말씀하시고, 또한 우리에게 은혜를 베푸신다고 노래합니다. 하나님의 말씀이 천지만물을 통해 온 땅에 울려 퍼집니다. 우리는 피조물을 통해 보여주시고 말씀하시는 하나님을 주목해야 합니다. 우리 사람은 자연으로부터 배워야 하는 존재입니다. 우리가 그동안 교만하게 다른 피조물 위에 군림해서 가르치려고만 하고, 심지어 파괴한 것에 대해서 회개해야 합니다.

하늘과 땅에 있는 피조물은 하나님께서 창조하신 매우 소중한 것들입니다. 특히 하나님은 그 피조물을 통해 우리에게 말씀하시고 우리를 진리와 구원으로 이끌어주십니다. 우리가 이러한 하나님의 섭리를 따라서 하나님이 지으신 피조물이 하나님의 영광을 드러내고 하나님을 찬양하는 소리를 들으며 살아야 합니다.

인류는 그동안 어리석게도 아스팔트와 콘크리트로 땅을 덮어버리고 고층 빌딩으로 하늘을 가렸습니다. 하나님이 창조하신 세계의 흔적을 다 없애버릴 것처럼 인위적인 것들로 세상을 채워갑니다. 이렇게 살다가는 피조세계를 통해 말씀하시는 하나님의 음성을 듣지 못해 결국 망하고 말 것입니다. 우리가 이런 두려운 마음을 품어 콘크리트나 아스팔트를 걷어내고, 인간이 만들어낸 여러 가지 물건이나 기술을 의존하지 않아야 합니다. 하나님이 만드신 창조세계를 더 사랑하고 잘 보전하며, 더 가까이해야 합니다. 주님의 지으신 세계를 통해 베푸시는 하나님의 은혜를 누리고, 그것을 통해 말씀하시는 하나님의 음성을 들어야 합니다. 🌿

천지만물을 창조하시고, 천지만물을 통해 우리에게 말씀하시는 하나님, 주님이 만드신 아름다운 세계를 하찮은 물질 덩어리로 취급함으로, 피조물을 통해 들려주시는 주님의 음성을 듣지 못해 망해가는 인류를 긍휼히 여겨주옵소서. 우리가 욕심에 사로잡혀 사람이 만들어낸 인위적인 것들에 빠져 살지 않게 하옵소서. 하나님이 지으신 세계를 더 소중히 여기고 피조물에게 더 가까이 나아가서 그들을 통해 주님을 만나고, 주님의 음성을 듣게 하옵소서. 그리하여 죽음의 길에서 벗어나서 생명의 길을 가게 하옵소서.

1. 대도시를 떠나 산과 자연을 가까이할 때 좀 더 사람답게 살 수 있습니다. 대도시에서 인위적인 것에 휩싸여 사는 것의 문제점에 대해 말해봅시다. 피조물을 통해 하나님의 음성을 듣는 법에 대해 말해봅시다.

2. 피조물에는 하나님의 영원하신 능력과 신성이 담겨 있습니다. 피조물을 물질 덩어리로 여기고 욕심을 충족시키기 위해 파괴하고 더럽히는 삶의 위험성에 대해 말해봅시다.

하나님이 하신 일로 기뻐하기

시편 92:1-15

여호와여 주께서 행하신 일로 나를 기쁘게 하셨으니, 주의 손이 행하신 일로 말미암아 내가 높이 외치리이다. 여호와여 주께서 행하신 일이 어찌 그리 크신지요! 주의 생각이 매우 깊으시니이다 _ 시 92:4-5

하나님이 하신 일로 기뻐하기

사람이 만들어낸 물건이나 컴퓨터 프로그램들은 기본적으로 돈을 벌기 위해 만든 것입니다. 소비자를 위해 만든다고는 하지만 실제로는 생산자가 욕심을 채우려고 만드는 것입니다. 컴퓨터 게임 때문에 돈을 잃거나 폐인이 되는 사람들이 많지만, 그 게임을 만든 사람은 죄책감을 느끼지 않습니다. 소비자가 사용하는 많은 물건 때문에 지구환경이 파괴지만 생산자들은 죄책감을 느끼지 않고 계속 물건을 만들어냅니다. 심지어 소비를 부추깁니다. 사람이 만들어낸 물건이나 프로그램들은 사람의 욕심을 충족시키는 것이 목적입니다. 자꾸 소비하다 보면 결국 좋지 않은 일이 생깁니다.

시편 92편은 사람이 아니라 하나님이 하신 일로 기뻐하라고 권면합니다. 인위적인 물건이나 인위적인 즐거움을 멀리하고 하나님이 창조하신 세계 자체로 기뻐하며 사는 것이 하나님의 뜻입니다. 시편 92편 1-5절은 시인이 하나님을 찬양하는 말씀입니다. 4-5절은 시인이 하나님을 찬양하는 이유입니다. "여호와여 주께서 행하신 일로 나를 기쁘게 하셨으니, 주의 손이 행하신 일로 말미암아 내가 높이 외치리이다"(시

92:4). 시인은 하나님께서 당신이 하신 일로 자기를 기쁘게 하셨고, 또한 하나님의 손으로 행하신 일 때문에 자기가 높이 외치겠다고, 다시 말해서 하나님을 찬양하겠다고 합니다. 하나님이 행하신 일, 하나님의 손이 행하신 일은 하나님이 천지만물을 창조하신 일입니다. 시인은 세상을 바라보면서 아름답고 조화로운 세계를 만드신 하나님 때문에 기뻐하고 또한 하나님을 찬양합니다.

5절에서는 하나님이 하신 일이 크고 깊어서, 사람이 그것을 제대로 이해할 수 없다고 말합니다. "여호와여, 주께서 행하신 일이 어찌 그리 크신지요? 주의 생각이 매우 깊으시니이다"(시 92:5). 사람은 천지만물을 창조하신 하나님을 다 이해할 수도 헤아릴 수도 없습니다. 하나님이 창조하신 것을 사람이 이해할 수 없다는 것은 하나님이 창조하신 이 세계를 사람은 만들 수 없다는 뜻입니다. 사람의 힘으로는 풀 한 포기조차 만들 수 없습니다.

우리는 지금 우리 힘으로 만들 수 없는, 심지어 우리가 상상할 수도 없는 하나님의 창조물 안에서 살고 있습니다. 우리 주변에 있는 풀 한 포기, 나무 한 그루가 우리가 사용하는 핸드폰이나 컴퓨터보다 훨씬 더 정교하고 복잡합니다. 사람이 이해할 수도 없고 상상할 수도 없는 것입니다. 우리는 이것에 대해서 감탄하고 하나님을 찬양해야 합니다.

어리석은 사람은 이 세계에 하나님의 오묘한 섭리가 담겨 있다는 것을 인정하지도 않고 하나님을 찬양하지도 않습니다. 그런 사람들 때문에 하나님의 창조물인 수많은 동·식물이 죽고, 하나님의 손길이 충만한 숲과 산이 사라지고, 강과 바다가 더러워졌습니다. 그 결과 인류의 미래도 점점 어두워지고 있습니다. 하나님께서 창조하신 세계 안에 살면서도 하나님을 찬양하지 않고 산 결과입니다.

인위적인 물건을 멀리하고 창조세계를 가까이 하기

시편 92편 6절 이하 말씀은 악인과 의인을 비교합니다. 악인은 하나님께서 지으신 세계를 보며 감탄하지 못하고, 하나님을 찬양하지도 않습니다. 그런 사람은 풀 같습니다. 의인은 하나님께서 지으신 세계를 보며 경탄하고 하나님을 찬양합니다. 그런 사람은 종려나무나 백향목과 같다고 하였습니다. 나무는 풀에 비해서 훨씬 오래 삽니다. 하나님께서 창조하신 세계를 보며 경탄하고 하나님을 찬양하는 의인은 나무처럼 오랫동안 살게 될 것입니다.

이 비유에서 인류가 악인처럼 행동하고, 풀 같은 운명에 처했다는 것을 깨달아야 합니다. 현대인들은 하나님이 창조하신 세계의 아름다움보다는 사람이 만든 여러 가지 물건에 빠져 삽니다. 큰 물건, 많은 물건을 구매하고 소비하는 사람이 성공한 사람이라고 평가받습니다. 반면 하나님께서 창조하신 세계는 가볍게 여기고, 물건을 만들어내는 재료로 삼으려고 파괴하고 더럽힙니다. 생명력이 넘치고 아름다운 창조세계가 생명이 전혀 없는 물건으로 뒤바뀝니다. 이로 인해 인류는 풀과 같은 악인처럼 얼마 지나지 않으면 망할 위기에 처했습니다.

오늘날 핸드폰이나 자동차는 없어서는 안 되는 물건으로 여겨집니다. 핸드폰이나 자동차 없이 살 수 있는 사람도 그리 많지 않은 듯합니다. 그런데 가끔 핸드폰을 사용하지 않으면 오히려 해방감이나 자유로움을 경험합니다. 핸드폰을 잠시 꺼두거나 멀리하면 혼자서 깊은 생각을 하고 하나님께 기도하는 여유도 얻습니다. 없으면 안 된다고 생각하는 물건이 사라지면 오히려 삶이 더 평화로워지고, 인위적인 것에 집착하지 않으면 더 풍요로워집니다. 우리가 자동차라는 물건에 의존하지 않으면 더 많은 생명체를 살릴 수 있습니다. 성능이나 모양이 크고 좋은 자동차를 보고 감탄하기보다는, 하나님께서 우리 각 사람에게 주신 발과 다리를 보고 감탄하고 그 발과 다리를 열심히 사용하는 사람이 세상을 살릴 수 있습니다.

사람이 만든 물건을 구경하거나 구입하기 위해 오랜 시간을 보내지 말고, 더 많은 시간을 하나님께서 지으신 세계와 그 속에서 살아가는 다양한 동·식물을 보며 감탄하고 하나님을 찬양하며 살아가십시오. ✎

하나님, 사람이 만들어낸 하찮은 물건들에 마음을 빼앗기지 않게 하옵소서. 그것이 하나님이 만드신 것에 비하면 아무것도 아님을 알게 하옵소서. 인위적인 물건보다 하나님의 창조세계를 더욱 소중히 여기고, 그것으로 인해 하나님께 감사하고 찬양하며 살게 하옵소서. 인위적인 물건과 그 물건이 주는 편리함을 포기하고 하나님이 지으신 피조물을 더욱 소중히 여기고 보전함으로 주님의 뜻을 이루게 하옵소서.

1. 많은 물건이나 비싼 물건을 소비하는 사람이 성공한 사람이라고 평가받는 세상에 대해 생각해봅시다. 크고 화려한 물건이나 편리한 서비스만을 추구하는 생활을 반성해봅시다.

2. 핸드폰, 자동차, 컴퓨터, TV 등을 이용하는 시간을 줄이고, 창조세계를 가까이 하는 시간을 늘리는 방법에 대해 말해봅시다.

만물을 창조하시고 돌보시는 하나님

시편 104:1-35

이것들은 다 주께서 때를 따라 먹을 것을 주시기를 바라나이다

_ 시 104:27

하나님이 지으시고 돌보시는 피조물

우리 조상들은 부채 하나 가지고 여름을 보냈습니다. 하지만 요즘 우리는 에어컨 없이 여름을 보내기 어렵습니다. 최근 우리나라에서 여름에 큰 자연재해가 자주 일어납니다. 이런 일은 앞으로 더 심해질 것입니다. 심지어 우리나라가 사람이 살 수 없는 땅으로 변할지도 모릅니다. 그동안 우리가 당연하게 누리던 것들을 누리지 못하게 될 수도 있습니다. 우리는 기후변화를 초래한 우리의 잘못을 심각하게 반성해야 합니다. 특히 우리가 지금 누리는 것들은 사람이 노력한 결과가 아니라 하나님의 선물이라는 것을 깊이 깨달아야 합니다.

시편 104편은 천지만물을 창조하시고 다스리시는 하나님을 찬양하는 노래입니다. 이 노래를 통해 하나님의 오묘한 섭리와 큰 사랑 덕분에 우리가 이 땅에서 살고 있다는 것을 깨닫습니다. 시편 104편 1-9절은 하나님께서 하늘과 땅을 지으시고 그 안에서 여러 동·식물이 살아갈 수 있는 여건을 만드셨다고 노래합니다. 6절은 온 땅이 물에 잠겨 있는 것을 묘사합니다. "옷으로 덮음 같이 주께서 땅을 깊은 바다로 덮으시매, 물이 산들 위로 솟아올랐으나"(시 104:6). 물은 생명체가 살기 위

한 가장 기초적인 조건입니다. 과학자들이 지구 같은 행성, 물이 있는 행성이 다른 곳에도 있는지 열심히 찾고 있습니다. 물이 없는 행성에는 생명체가 존재할 수 없습니다. 온 땅이 물로 뒤덮였다는 것은 생명이 존재하기 좋은 조건이 갖추어졌다는 뜻입니다.

그런데 온통 물로 덮여 있으면 살 수 없는 동·식물 또한 많습니다. 시편 104편 7-9절은 하나님께서 다양한 동·식물이 살 수 있는 여건을 만드시는 것을 묘사합니다. 하나님께서 물을 한 곳으로 모아 땅이 드러나게 하시고, 물이 정해진 여러 곳으로 흐르게 하여 땅을 보호하십니다. 물은 생명이 존재할 수 있는 기본적인 조건이지만, 생명을 파괴하기도 합니다. 그러므로 물을 잘 통제해야 합니다. 하나님께서 물을 질서 있게 움직이게 하심으로 세상에서 다양한 생명체들이 살게 하셨습니다. 지금도 강과 바다, 눈과 비 같은 기후현상을 통해 물이 온 땅에 골고루 흘러가기 때문에 이 땅에 다양한 동·식물이 살고 있습니다.

11절 이하 말씀을 보면 다양한 동·식물의 이름이 나옵니다. 그 다양한 동·식물이 하나님의 은혜로 이 땅에서 살아갑니다. 사람도 그 세상의 일원으로서 땅에서 자라는 식물을 먹고 살게 하셨습니다. 24절에 이런 일을 하신 하나님을 찬양하는 말씀이 나옵니다. "여호와여 주께서 하신 일이 어찌 그리 많은지요! 주께서 지혜로 그들을 다 지으셨으니, 주께서 지으신 것들이 땅에 가득하니이다"(시 104:24). 하나님이 하신 일이 너무 많고, 그 모든 것들이 다 지혜로운 일이라고 찬양합니다. 이 세상에 하나님의 지혜가 가득합니다. 그것이 너무 많아서 우리의 지혜로는 다 파악할 수 없습니다.

27-30절은 이 땅의 모든 피조물이 전적으로 하나님께 의존하여 살고, 그들의 생명이 하나님의 손에 달려있다고 말합니다. "이것들은 다 주께서 때를 따라 먹을 것을 주시기를 바라나이다"(시 104:27). 온 피조물이 먹을 것을 주시는 하나님을 바라봅니다. 자연세계 자체가 여러 동·식물에게 먹을 것을 제공합니다. 그런데 그런 자연세계를 만드신 분

이 바로 하나님이십니다. 하나님이 수많은 생명체가 살 수 있는 세상을 만드셨습니다.

개발을 멈추고 창조세계를 보전하기

인류는 교만하게도 자신의 욕심을 앞세우며 이 세상을 자기 마음대로 바꿉니다. 자연을 있는 그대로 두지 않고, 자신에게 이익이 되는 방향으로 바꾸려고 합니다. 개발이라는 미명하에 자연을 파괴하고 더럽힙니다. 그 결과 많은 사람이 돈을 벌고 부자가 되었습니다. 특히 유럽 대륙이나 북아메리카 대륙에 있는 나라들은 큰 부자가 되었습니다. 하지만 모든 나라와 사람이 그렇게 된 것은 아닙니다. 특히 현세대는 물질적으로 풍요롭게 살 수 있지만, 미래 세대는 극심한 가난에 시달리고 생존의 위협을 받을지 모릅니다. 현세대가 파괴하고 더럽힌 땅에서 후세대들이 고생하며 살아갈 수도 있습니다.

그러므로 우리 사람이 자신의 이익이나 욕심을 기준으로 세상을 바꾸는 것은 크게 잘못된 일입니다. 이 세상은 하나님의 오묘한 섭리로 창조되었습니다. 하나님은 지금도 세상을 다스리시며 세상에서 다양한 생명체들이 살게 하십니다. 사람은 이러한 하나님의 섭리 앞에서 겸손해야 합니다. 하나님의 뜻을 따라 살아가야 우리 자신뿐만 아니라 다른 사람이 복을 받고, 현세대뿐만 아니라 미래 세대도 복을 받습니다.

개발한다는 미명하에 땅을 아스팔트로 덮어버리고 콘크리트로 높은 건물을 세워 하늘을 가리면, 사람들은 하나님의 손길을 느끼지 못합니다. 인공 구조물만 즐비한 세상에서는 사람들이 하나님의 오묘한 섭리를 알지 못하고, 하나님을 찬양하지도 못합니다. 사람을 높이고 육체적인 욕망을 채우는 일에만 몰두하며 삽니다. 그런 의미에서 개발은 결코 좋은 일이 아닙니다. 실제로 인류의 무분별한 개발과 소비 때문에 인류의 미래는 점점 어두워지고 있습니다. 하나님이 하신 일보다 사람이 한 일을 더 높이고 찬양하면 인류는 결국 망하고 말 것입니다.

하나님이 처음 만드신 세상이 가장 아름답고 지혜롭습니다. 우리가 이러한 세상을 잘 보전하고 그러한 세상을 보면서 하나님을 찬양하면서 사는 것이 인류와 다른 피조물을 위한 가장 지혜롭고 좋은 길입니다. 하나님이 아름답게 창조하신 세계 안에서 이 모습 이대로 만족함으로 개발의 유혹을 물리치고, 하나님을 찬양함으로써, 이 세상을 아름답게 보전하고 우리 후손에게 희망을 주어야 하겠습니다. 🌱

이 세상을 아름답게 창조하시고 다스리시는 하나님, 모든 피조물을 먹이고 입히시는 주님을 찬양합니다. 주님이 지으신 세계를 바라볼 때마다, 이 세계의 아름다움과 주님의 지혜와 능력에 감격하여 주님을 찬양하게 하옵소서. 이 세계를 변형시켜 이득을 보려고 하는 더러운 욕심을 몰아내게 하옵소서. 개발이라는 미명하에 사람들이 하는 행동이 인류의 미래를 어둡게 하오니, 주님이 처음 지으신 세계를 더 소중하게 여기고, 잘 보전하게 하옵소서.

1. 지구는 생명체가 존재하는 유일한 행성입니다. 온 우주 만물이 지구에서 생명체가 살아가도록 돕습니다. 생명체가 존재하는 지구의 신비에 대해 말해봅시다.

2. 무분별한 개발과 소비가 생명체가 존재하는 유일한 행성, 지구를 망가뜨리고 있습니다. 하나님의 섭리를 인정하고 창조세계를 있는 그대로 보전하는 방법에 대해 말해봅시다.

가난한 자도 부자도 없는 세상

잠언 30:7-9

곧 헛된 것과 거짓말을 내게서 멀리 하옵시며, 나를 가난하게도 마옵
시고 부하게도 마옵시고 오직 필요한 양식으로 나를 먹이시옵소서.
혹 내가 배불러서 하나님을 모른다 여호와가 누구냐 할까 하오며, 혹
내가 가난하여 도둑질하고 내 하나님의 이름을 욕되게 할까 두려워함
이니이다 _ 잠 30:8-9

부자가 되지 않게 하소서

예전에는 에어컨이 부잣집에나 설치하는 물건이었습니다만, 요즘은
생활 필수품이 되어서 에어컨 없는 집을 찾기가 어렵습니다. 그런데 다
들 부자가 되어 에어컨을 사용하는 것이 결코 좋은 일은 아닙니다. 에
어컨 때문에 탄소 배출이 많아지고 지구의 기온이 높아지기 때문입니
다. 부자가 되면 에어컨만 사지 않습니다. 큰 집, 큰 냉장고, 큰 자동차
를 삽니다. 부자일수록 더 많은 물건을 사고, 부자일수록 더 많은 에너
지를 소비합니다. 그것 때문에 지구 온난화는 더욱 심각해지고 지구의
기온은 더욱 높아집니다. 부자는 기후재앙을 부추기는 존재입니다.

잠언 30장은 부자로 사는 것이 좋지 않다고 말합니다. 잠언에는 게
으르면 가난하게 되고, 부지런하고 선하게 살면 부자가 된다는 말씀이
자주 나옵니다. 잠언은 게으름을 비난하고 부지런함을 칭찬합니다. 부
지런히 일해서 부자가 되는 것은 결코 나쁜 일이 아닙니다. 그런데 잠
언은 부자가 되는 과정에서 불의한 일을 저질러서는 안 된다는 것을 강

조합니다. 하나님은 부정한 방법으로 재물을 모아 부자가 되는 것을 싫어하십니다(잠 11:1). 잠언은 또한 가난한 사람을 존중하고 도우라고 말합니다. 가난한 사람을 학대하는 사람은 하나님을 멸시하는 것과 같고, 궁핍한 사람을 도와주는 사람은 하나님을 공경하는 것과 같다고 하였습니다(잠 14:31). 가난한 사람을 돕지 않고 혼자만 부자로 사는 것은 하나님을 멸시하는 것과 같습니다.

잠언 30장은 아굴이 편집한 잠언입니다. 30장 7-9절에서 아굴은 자신이 두 가지를 구하겠으니, 그것을 꼭 들어달라고 기도합니다. 첫 번째 기도 제목은 8절 상반절에 있습니다. "곧 헛된 것과 거짓말을 내게서 멀리 하옵시며"입니다. 헛된 것과 거짓말은 하나님의 말씀과 대비되는 것입니다. 아굴은 하나님의 말씀이 아닌 것을 멀리하며 살게 해 달라고 기도하였습니다.

두 번째 기도 제목은 8절 하반절과 9절에 나옵니다. "나를 가난하게도 마옵시고, 부하게도 마옵시고, 오직 필요한 양식으로 나를 먹이시옵소서. 혹 내가 배불러서 하나님을 모른다 여호와가 누구냐 할까 하오며, 혹 내가 가난하여 도둑질하고 내 하나님의 이름을 욕되게 할까 두려워함이니이다." 아굴은 자신이 가난하지도 않고, 부하지도 않고, 필요한 양식만 가지고 살게 해 달라고 기도합니다. 아굴은 자신이 부자가 되면 재물이 주는 즐거움에 빠져서 하나님을 모른다고 할지 모르니, 그렇게 되지 않도록 자신이 부자가 되지 않게 해 달라고 하였고, 또한 자신이 가난해지면 배고픔을 견디지 못하고 도둑질을 할지도 모르니, 그렇게 되지 않도록 자신이 가난한 자가 되지 않게 해 달라고 기도하였습니다. 하나님을 경외하며 사는 것이 가장 좋은 길이고 그것이 복을 받는 길이라고 여겼습니다.

부자가 되려는 욕망을 버리고 가난을 선택하기

아굴은 재물 때문에 하나님을 부인할지도 모르니 필요한 양식만 있으면 좋겠다고 하였습니다. 이것은 끼니 거르지 않을 정도의 재물만 있으면 좋겠다는 뜻입니다. 우리 사회에서 밥을 굶지 않을 정도로 사는 사람은 부자입니까, 가난한 사람입니까? 당연히 가난한 사람으로 분류될 것입니다. 요즘에는 밥 먹고 사는 정도에 만족하는 사람이 거의 없습니다. 좀 더 소유하고 좀 더 누리고 싶어 합니다. 더 많은 물건과 에너지를 소비하려고 합니다. 그것 때문에 지구는 나날이 파괴되고 오염되고 뜨거워집니다.

재물이 많아지면 하나님을 경외하는 것보다는 자기 욕심을 채우는 일에 더 많은 관심을 갖습니다. 그리고 욕심을 채우는 일만 하다 보면 하나님으로부터 점점 멀어집니다. 누가 더 많이 소비하고, 누가 더 많이 즐기느냐를 두고 경쟁합니다. 심지어 많이 소비하고 많이 즐기는 사람을 성공한 사람이라고 평가합니다. 이처럼 하나님을 경외하지 않는 세상에 재앙이 닥치는 것은 너무나 당연한 일입니다.

우리가 직면한 기후재앙에서 벗어나는 길은 하나님을 경외하는 것입니다. 하나님을 경외하며 살기 위해 물질적인 욕망을 버려야 합니다. 재물이 많아지면 하나님으로부터 멀어집니다. 부자가 되려 하지 말고, 가능하면 가난하게 되려고 애써야 합니다. 최소한, 지금보다는 더 가난하게 사는 것을 목표로 삼아야 합니다. 하나님을 좀 더 가까이 하기 위해서, 뜨거워지는 지구를 식히기 위해서 이전보다 덜 소비하고 이전보다 더 가난하게 살아야 합니다.

우리에게 먹을 양식이 있는 것만으로 만족하고 하나님을 경외하는 즐거움으로 살 때, 이 세상은 크게 달라질 것입니다. 폭염이나 가뭄도 사라지고 에어컨의 도움 없이도 살 수 있는 세상이 될 것입니다. 우리가 좀 더 가난하게 살면 더 좋은 일이 생깁니다. 물질적이고 육체적인 것들은 덜 사용하고 덜 소비하고 덜 즐기고, 대신 하나님을 경외하는 즐거움으로 살면 우리가 사는 세상은 하나님이 창조하셨을 때의 모습을 회복하게 될 것입니다. 마음껏 돈을 쓰며 사는 즐거움보다 하나님을 찬양하고 하나님의 말씀에 순종하는 즐거움이 훨씬 더 큽니다. 그러한 즐거움으로 물질적으로 부유하게 살려는 욕망을 잘 물리치고, 가난하게 살아감으로, 창조세계를 아름답게 회복시키시는 하나님의 뜻을 이루시길 바랍니다.

하나님, 물질적인 욕망에 빠져 부자가 되는 것을 목표로 삼고 살다가 주님을 떠나고 그로 인해 기후재앙을 만난 이 세계를 긍휼히 여겨 주옵소서. 부유하게 되고자 하는 욕망이 세상을 망친다는 것을 깨닫게 하옵소서. 우리의 구원자이신 주님을 경외함으로 주님 안에서 희망을 얻게 하옵소서. 주님을 경외하는 즐거움으로 부유하게 살고자 하는 욕망을 물리치고, 즐거운 마음으로 가난을 선택함으로 이 세계를 아름답게 회복시키게 하옵소서.

1. 재물이 어느 정도 있어야 만족할 수 있는지 토의해봅시다. 재물을 늘리는 일에만 몰두하다가 재물의 노예가 되어 사는 사람에 대해 말해봅시다.

2. 환경 파괴와 기후변화의 원인은 사람들이 지나치게 부유하게 사는 것입니다. 지금보다 가난하게 사는 방법에 대해 말해봅시다.

지금 여기서 즐거워하기

전도서 3:1-13

> 사람들이 사는 동안에 기뻐하며 선을 행하는 것보다 더 나은 것이 없
> 는 줄을 내가 알았고, 사람마다 먹고 마시는 것과 수고함으로 낙을 누
> 리는 그것이 하나님의 선물인 줄도 또한 알았도다 _ 전 3:12-13

하나님이 정하신 질서 안에서 사는 사람들

잠언과 전도서를 지혜서라고 부릅니다. 두 책 모두 지혜롭게 사는 길
을 제시합니다. 잠언은 주로 일상적인 시대를 살아가는 지혜를, 전도서
는 위기의 시대를 살아가는 지혜를 말합니다. 전도서는 성실하게 살았
지만 재물이나 건강이나 다른 복을 얻지 못하고 오히려 재난을 당하는
사람들을 위한 지혜입니다.

전도서에는 헛되다는 말이 자주 등장합니다. 사람이 수고하는 것이
나, 수고하여 얻은 부귀영화가 헛되다고 말합니다. 우리가 인생을 낙관
적으로 살아야 합니다만 비관적인 관점도 가져야 합니다. 특히 재물이
나 명예의 허망함에 대해서 잊지 않아야 합니다. 부자가 되고 물질적인
욕망을 충족시키면 인생의 목적을 다 달성할 것처럼 생각하는 사람은
좋은 인생을 살 수 없습니다. 부귀영화나 건강조차도 진정한 행복의 조
건은 될 수 없다는 것을 깨달아야 우리가 복되고 의미 있는 인생을 살
수 있습니다.

전도서 11장 앞부분은 여러 가지 '때'에 대해서 말합니다. 범사와 천
하만사에 '기한'과 '때'가 있습니다. 때가 되면 어떤 일이 일어나서 일정

기한 지속됩니다. 그리고 일정한 기한이 지나면 그 일은 사라집니다. 아침에 해가 뜨면 열두 시간 정도 빛을 비추어 줍니다. 열두 시간이 바로 기한입니다. 그 기한이 지나고 나면 해는 사라집니다.

11장 2-8절에는 때와 기한에 관한 여러 가지 예가 나옵니다. 2-8절에 서로 반대되는 것들이 짝을 이루는 열네 가지 '때', 총 스물여덟 가지 '때' 가 나옵니다. 스물여덟 가지 때와 기한이 반복하는 것이 세상과 사람의 역사입니다. 우리 인생이나 세계의 역사가 늘 발전하는 것만은 아닙니다. 퇴보하고 타락하는 시기도 반드시 있습니다. 미국 팝송 중에 이 구절을 가지고 만든 유명한 노래가 있습니다. 〈Turn, Turn, Turn〉(The Byrds)이라는 노래입니다. 우리말로 번역하면 '돌고 도는 세상'입니다. 이 노래에 오늘 읽은 전도서의 구절이 그대로 들어 있습니다. 그 노래는 세상만사가 돌고 도는 것이라고 노래합니다.

돌고 도는 세상에서 우리가 어떻게 살아야 합니까? 11장 9절이 그것의 답을 말합니다. "일하는 자가 그의 수고로 말미암아 무슨 이익이 있으랴?" 새번역 성경으로 보면 이렇습니다. "사람이 애쓴다고 해서, 이런 일에 무엇을 보탤 수 있겠는가?" 돌고 도는 세상을 인간의 힘으로 멈출 수 없고, 반복하는 때와 기한을 사람이 변경시키거나 멈출 수가 없습니다. 그러므로 사람은 정해진 때와 기한에 잘 순응하며 살아야 합니다.

11절의 말씀, "하나님이 모든 것을 지으시되 때를 따라 아름답게 하셨고"는 새번역 성경으로 보면 "하나님은 모든 것이 제때에 알맞게 일어나도록 만드셨다"입니다. 때와 기한은 하나님께서 정하신 것입니다. 하나님이 만드신 아름다운 질서입니다. 이러한 때와 기한을 따라 사는 사람이 복 받은 사람입니다.

그런데 어리석은 인류는 욕심을 채우려는 못된 마음 때문에 하나님이 정해놓으신 때와 기한을 바꾸려고 합니다. 예를 들어 더운 여름은 시원하게 살려고 하고, 추운 겨울은 따뜻하게 살려고 합니다. 그렇게 살려고 엄청난 에너지를 소모합니다. 냉방과 난방을 위해 엄청난 전기를 사용합니다. 그런데 전기 에너지를 사용함으로써 시원함과 따뜻함을 얻지만, 잃는 것도 참 많습니다. 전기 에너지를 만드는 과정에서 지구는 뜨거워집니다. 다양한 생명들의 터전이 무너지고 있습니다. 여름에는 덥게 살고, 겨울에는 춥게 사는 것이 좋은 일입니다. 건강에 지장이 없을 정도로만 냉방과 난방을 하는 것이 좋습니다. 하나님이 정하신 때와 기한에 순응하는 것이 가장 좋은 길입니다.

지금 이 순간을 즐겁게

전도서 11장 12-13절은 살아 있는 지금 이 순간을 즐겁게 살라고 권면합니다. 지금 이 순간, 우리가 먹고 마시고 일할 수 있는 것에 대해서 기뻐하고 감사하며 사는 사람이 지혜로운 사람입니다. 식사하는 즐거움, 땀 흘리며 일하는 즐거움 같은 일상적이고 사소한 즐거움을 하나님이 주신 것으로 알고 그것에 만족하며 사는 사람이 지혜로운 사람입니다.

반면 현실에 만족하지 못하는 사람은 어리석은 사람입니다. 현대인은 무수한 광고에 노출되어 삽니다. 그러한 광고는 사람의 욕심과 불만을 부추깁니다. 많은 사람이 지금 이 순간에 만족하지 못하고 더 많은 물건, 더 좋은 부동산을 소비함으로 욕심을 채우려고 애를 씁니다. 그런데 사람의 욕심이 무한하고 결코 채워지지 않다보니, 아무리 많고 좋은 물건을 만들어내도 소용이 없습니다. 앞으로 더 많은 물건, 더 좋은 물건들이 만들어져야 합니다. 그것 때문에 자연환경은 날로 더러워지고 파괴되고, 인류는 큰 위험에 직면했습니다.

사도 바울은 항상 기뻐하고 쉬지 말고 기도하고 범사에 감사하라고 권면하였습니다. 우리가 어떻게 하면 이렇게 살 수 있겠습니까? 믿음으로 가능합니다. 우리를 구원하시고 우리를 하나님 나라 백성으로 살게 하시는 예수님을 믿고, 예수님만으로 만족할 때, 우리는 항상 기뻐하고 범사에 감사하며 살 수 있습니다. 그렇게 살면 좋은 물건을 소유하거나 소비하는 것으로 욕심을 채우려고 하지 않을 것입니다. 때와 기한을 인위적으로 바꾸려고 애쓰지 않을 것입니다. 그런 삶이 우리가 사는 지구를 지키고 아름답게 회복시킬 것입니다.

우리의 구원자이신 예수님에 대한 믿음을 굳게 함으로, 좋은 물건이나 좋은 환경이 아니라 예수님 한 분만으로 만족하고, 지금 여기서 감사하고 기뻐하며 살아가십시오. 그것이 가장 복되고 지혜로운 인생입니다.

하나님, 욕심과 불만을 부추기고 그것을 해소하는 일에만 몰두하는 세상을 긍휼히 여겨 주옵소서. 천지만물을 창조하시고 그것의 때와 기한을 정하심으로 모든 피조물이 아름답게 살게 하신 하나님, 우리가 주님을 믿고 주님이 세우신 질서에 순응하게 하옵소서. 주님이 창조하신 세계 안에서 우리 모습 그대로 만족하고 기뻐하게 하옵소서. 욕심에 얽매여서 주님이 정하신 때와 기한을 거스르지 않게 하옵소서. 주님이 만드신 세계의 질서를 허물지 않게 하옵소서.

1. 스트레스를 받으면 쇼핑을 하는 사람이 있습니다. 물건을 사는 것으로 스트레스를 해소하는 것에 대해 생각해봅시다.

2. 물건이나 서비스를 소비하지 않고, 지금 이 순간을 즐겁게 살아가는 신앙적인 방법에 대해 말해봅시다.

무엇보다 귀한 사랑

아가 4:1-16

나의 사랑, 너는 어여쁘고 아무 흠이 없구나 _ 아 4:7

사랑하는 사람이 누리는 즐거움

아가(雅歌, Song of songs)는 '가장 아름다운 노래'라는 뜻입니다. 어떤 노래가 가장 아름다운 노래입니까? 아가는 사랑을 주제로 하는 노래입니다. 바로 그 사랑 때문에 아가를 가장 아름다운 노래라고 부릅니다.

아가서는 오늘날의 대중가요처럼 대부분 남녀 간의 사랑을 주제로 합니다. 마치 대중가요 가사를 모아 놓은 것 같은 아가서를 성경으로 채택했다는 것은 놀라운 일입니다. 그럼에도 아가가 성경으로 채택된 가장 중요한 이유는 이 책의 주제가 사랑이기 때문입니다. 후대 사람들이 아가에 나오는 남녀 간의 사랑을, 하나님과 하나님의 백성 사이의 사랑으로 해석하였고 그것 때문에 아가가 성경으로 채택되었습니다. 그러므로 아가를 읽을 때 무엇보다 사랑을 중요하게 여기며 읽어야 합니다.

아가 4장은 남자가 여자에게 사랑을 고백하는 노래입니다. 1-5절은 남자가 여자를 자세하게 묘사하고 소개하는 말씀입니다. 남자가 여자의 신체 부위를 하나하나 열거하며 아름답다고 고백합니다. 남자의 눈에 여자는 예쁘지 않은 곳이 하나도 없습니다. 물론 여자가 모든 면에서 다 예뻐서 그럴 수도 있지만, 그보다 더 중요한 것은 사랑입니다. 여자를 사랑하는 남자의 눈에는 여자의 모든 것이 아름답게 보인 것입니다.

7절은 사랑하는 여자에 대한 결론적인 말입니다. "나의 사랑 너는 어여쁘고, 아무 흠이 없구나." 사랑하는 남자의 눈에 여자는 완벽합니다. 모든 것이 예쁩니다. 아무 흠이 없습니다. 만약 남녀가 이렇게 서로 사랑하면 항상 기뻐하고 감사하며 살 수 있습니다. 이것이 사랑의 힘입니다.

12-15절은 여자를 온갖 좋은 것이 가득한 동산 같다고 노래합니다. 그곳에 우물, 석류나무를 비롯한 온갖 과수와 희귀한 식물, 온갖 향품, 마르지 않는 샘도 있습니다. 한 여자에게서 이렇게 아름답고 귀한 것들을 얻을 수 있다고 노래합니다. 그러므로 누군가를 사랑하면, 아름답고 귀한 물건이 없어도 충분히 즐겁게 삽니다. 사랑하는 사람에게서 그 어떤 것보다 더 좋고 귀한 것을 얻기 때문입니다.

라헬을 사랑했던 야곱은 라헬을 얻으려고 외삼촌 집에서 7년을 일했는데, 그 7년이 며칠같이 지나갔다고 하였습니다. 사랑하면 일하는 것이 힘들지 않습니다. 1년이 하루처럼 지나갑니다. 요나단은 다윗을 사랑하여 왕위 계승권도 포기하고 다윗을 살리기 위해 온갖 노력을 다했습니다. 사랑은 권력을 얻는 것보다 더 귀한 것이기 때문입니다. 사랑은 공장에서 물건을 만드는 것과 같은 생산적인 일은 아니지만 물건보다 훨씬 더 가치 있는 것들을 만들어냅니다. 물건으로 얻는 것보다 훨씬 큰 기쁨을 사랑을 통해 얻습니다.

특히 사랑이 없으면 우리가 하나님의 구원의 은혜를 경험할 수 없습니다. 하나님이 우리를 구원하신 동기는 바로 사랑입니다. 하나님이 어떤 경제적인 이익을 얻거나 권력을 얻으려고 우리를 구원하신 것이 아닙니다. 그러므로 경제적인 관점으로만 보면 우리의 구원은 이해할 수 없는 일입니다. 돈만 아는 사람, 돈으로 쾌락을 얻는 것에만 관심을 두는 사람은 하나님의 구원의 은혜를 이해할 수도 없고 받을 수도 없습니다. 사랑에 관심이 없고, 사랑하지 않는 사람은 하나님의 사랑을 알지도 못하고 받지도 못합니다.

사랑하는 사람에게 희망이 있다

그러므로 우리가 그 무엇보다 사랑을 귀하게 여기고 사랑해야 합니다. 우리나라 재벌들은 혼인관계로 깊이 얽혀 있습니다. 재벌가에서 태어난 사람들은 사랑이나 배우자 선택의 자유가 없는 것처럼 보일 정도입니다. 재벌가 사람들이 가난한 사람과 결혼한 예는 찾아보기 어렵습니다. 그러나 사랑을 모르고 사랑할 줄 모르는 사람들에게는 희망이 없습니다. 희망이 없다는 말은 그들에게서 기후위기 시대를 극복할 수 있는 지혜나 능력을 기대할 수 없다는 뜻입니다. 기후위기 극복을 위해서 가장 앞장서야 할 단체 중 하나가 대기업입니다. 수많은 물건을 생산하느라 탄소 배출을 많이 했고, 그로 인해 생태계를 파괴했고 기후변화를 초래했기 때문입니다. 이러한 기업이 돈과 자본의 힘만 좇아가고 사랑을 모른다면, 그런 기업에게 기대를 걸고 우리가 아무것도 하지 않는다면, 우리는 결국 재앙을 만나고 말 것입니다.

이러한 시대일수록 그리스도인이 사랑하는 일에 앞장서야 합니다. 서로 사랑하면서 사랑의 기쁨과 가치를 몸소 경험하고, 그 기쁨과 가치 덕분에 좋은 집이나 좋은 물건이 없어도 행복하게 살아가는 모습을 이 세상에 보여주어야 합니다. 그러할 때, 다른 사람들도 물건이나 돈에 대한 욕심을 버리고 사랑하며 살아갈 것이고, 그런 삶이 기후위기를 이겨낼 수 있는 희망이 될 것입니다.

우리 삶에서 사랑이 어느 정도 위치를 차지하는지, 사랑하는 즐거움이 얼마나 큰 비중을 차지하는지 돌아보십시오. 사랑에는 관심이 없고 사랑하는 즐거움도 없고, 단지 돈을 벌기 위해서 살며 물건을 소비하는 즐거움만 추구하지 않는지 돌아보십시오. 다른 사람과 경쟁하며, 다른 사람보다 더 크고 비싼 물건, 더 크고 편리한 집을 얻으려고만 하면, 인생은 피폐하고 불행해질 것입니다. 사랑하지 않고 좋은 물건에만 관심을 두고 살면 자신뿐만 아니라 지구 전체를 망가뜨리고 말 것입니다.

우리는 하나님의 은총을 받아 사랑을 알고, 사랑하는 사람이 되었습니다. 우리가 이 은혜를 소중하게 여기고, 무엇보다 먼저 사랑하면 거기에서 온갖 좋은 것을 얻을 것입니다. 사랑하면 좋은 물건이나 좋은 서비스가 없어도 충분히 기쁘고 행복하게 살 수 있습니다. 이러한 삶이 기후위기 시대를 극복하는 가장 지혜로운 방식입니다. 🌿

하나님, 돈과 물건이 주는 즐거움에 만족하지 못하여 더 많은 돈과 물건을 추구하는 우리를 긍휼히 여겨 주옵소서. 사랑할 줄 몰라서, 공허한 마음을 돈이나 물건으로만 채우려고 하는 사람들의 어리석음 때문에 지구환경이 날로 파괴됩니다. 하나님, 우리에게 베풀어주신 사랑을 그 무엇보다 소중히 여기며, 그 사랑에서 나오는 기쁨과 능력으로 살게 하옵소서. 사랑이 우리 삶의 유일한 원동력이 되고, 무엇을 하든지 사랑으로 하게 하옵소서. 사랑에서 나오는 기쁨과 감사가 우리 삶에 충만하게 하옵소서.

1. 우리 삶에서 사랑이 어느 정도 위치를 차지하는지, 사랑하는 즐거움이 얼마나 큰 비중을 차지하는지 돌아봅시다.

2. 물건을 소비하는 일보다 사랑하는 일이 더 위대하고, 소비하는 사람보다 사랑하는 사람이 더 위대합니다. 소비보다 사랑을 선택하는 삶에 대해 말해봅시다.

4

약속

해 됨도 상함도 없는 세상

이사야 11:1-9

내 거룩한 산 모든 곳에서 해 됨도 없고 상함도 없을 것이니, 이는
물이 바다를 덮음 같이 여호와를 아는 지식이 세상에 충만할 것임
이니라 _ 사 11:9

해 됨도 상함도 없는 세상 바라보기

우크라이나와 가자지구에서 전쟁이 계속되고 있습니다. 전쟁은 참
무섭습니다. 전쟁이 일어나면 오직 이기는 것이 목적이 되고 수단과 방
법을 가리지 않게 됩니다. 핵무기도 서슴지 않고 사용합니다. 그 결과
온 인류가 다 함께 망할지도 모릅니다. 나라들이 서로 사랑하며 평화롭
게 살면 지금 인류가 직면한 기후위기 문제를 해결하고 인류의 미래를
밝힐 수가 있습니다. 반면 전쟁이 일어나면 인류가 순식간에 망할 것입
니다.

이사야 1장 1절을 보면 이사야 선지자는 남왕국 유다의 왕 웃시야 시
대부터 히스기야 시대까지 활동하였습니다. 웃시야 시대에 남왕국 유
다는 넓은 영토를 차지하고 부유하게 살았습니다. 그런데 이런 시기는
오래 가지 않았습니다. 히스기야 왕 시대에 남왕국 유다는 앗수르의 침
략을 받아서 영토 대부분을 잃고 말았습니다.

당시에 나라들 간의 전쟁이 끊이지 않았습니다. 강한 나라들이 약한
나라를 무너뜨리고 영토를 확장하였습니다. 남왕국 유다 역시 힘이 강
할 때는 다른 나라를 공격하여 땅을 차지하고, 힘이 약할 때는 공격을

받아 땅을 빼앗겼습니다. 그런데 이러한 일이 나라 안에서도 일어났습니다. 재산이나 권력을 가진 사람이 가난하고 약한 사람들을 착취하였습니다. 부자는 더 부자가 되고 가난한 자는 더 가난해졌습니다. 사람들이 서로 사랑하며 돕지는 않고, 자기가 가진 재산이나 힘으로 상대방을 해치고 상대방의 것을 빼앗았습니다. 이사야 선지자는 부자와 권력자들을 엄하게 책망하면서, 가난하고 약한 자들을 해치는 부자와 권력자들이 망할 것이라고 선언하였습니다.

이사야 11장은 하나님께서 남왕국 유다와 유다 주변의 나라를 심판하는 목적과 심판 후에 이룰 새로운 세상에 대해서 말합니다. 하나님께서 전쟁을 일삼는 부자들과 권력자를 없애고 이루시는 세상은 평화로운 세상입니다. 11장 6-9절이 새로운 세상을 자세히 묘사합니다. 이리와 어린 양, 표범과 어린 염소, 송아지와 사자와 어린 아기, 암소와 곰, 독사와 아기가 평화롭고 사이좋게 지냅니다. 이들은 본래 잡아먹고 잡아먹히는 관계였습니다. 이들이 서로 공존하기는 어려웠습니다. 그런데 이런 관계에 변화가 생깁니다. 이들이 화해하고, 잡아먹고 잡아먹히던 관계에서 벗어나 함께 평화롭고 즐겁게 지냅니다. 사자는 더이상 다른 짐승을 해치지 않고 풀을 먹고 삽니다. 9절 상반절이 이러한 세상을 요약합니다. "내 거룩한 산 모든 곳에서 해 됨도 없고 상함도 없을 것이니" 하나님께서 세상 나라를 심판하신 후에 이루시는 새로운 세상은 해 됨도 없고 상함도 없는 세상입니다. 짐승들이, 사람과 짐승이 그리고 사람들이 서로 해치지 않습니다. 상처 주는 일이 사라집니다. 사람들과 나라들 사이에 서로 해치는 싸움이나 전쟁이 사라집니다. 이와 같은 해 됨도 없고 상함도 없는 세상이 바로 하나님께서 궁극적으로 이루시는 세상입니다. 우리는 이러한 세상을 꿈꾸며 살아야 하겠습니다.

여호와를 아는 지식이 충만한 세상

9절 하반절 말씀은 해 됨도 없고 상함도 없는 세상을 만드는 원동력에 대해서 말합니다. "이는 물이 바다를 덮음같이 여호와를 아는 지식이 세상에 충만할 것임이니라"(사 1:9하). 해 됨도 없고 상함도 없는 세상을 만드는 원동력은 '여호와를 아는 지식이 세상에 충만한 것'입니다. 여호와를 아는 지식이 세상에 충만하다는 것은 온 세상 모든 존재가 다 하나님을 안다는 뜻입니다. 하나님을 알면 하나님의 뜻을 따라 삽니다. 모든 사람이 하나님의 뜻을 알고 하나님의 뜻을 따라 살면 서로 해치거나 서로 상하게 하는 일이 사라집니다. 강자나 약자의 구분 없이 모두 존중 받고 사랑을 받으며 삽니다. 그러므로 그리스도인들은 여호와를 아는 지식을 중요하게 여기고, 우리가 먼저 그 지식을 알고, 그 지식을 사람들에게 알려서 모든 사람들이 여호와를 아는 지식을 따라 살게 해야 합니다. 그러한 때에 해 됨도 상함도 없는 세상이 이루어질 것입니다.

그동안 사람들은 강자가 되어 다른 약한 피조물을 해치며 살았습니다. 다른 피조물을 파괴하거나 이용해서 돈을 버는 지식을 추구하였습니다. 과학 기술도 그런 지식의 일종으로 사용되었습니다. 지식과 기술로 피조물을 마음대로 파괴하고 조작하고 이용하였습니다. 그 결과 수많은 동·식물이 죽고, 하나님이 창조하신 세계가 처참하게 망가지고 말았습니다.

여호와를 아는 지식은 해 됨도 상함도 없는 세상을 이루는 원동력입니다. 우리가 하나님을 알 때 다른 사람이나 다른 나라, 다른 피조물을 해치지 않는 방식으로 삽니다. 그렇게 살면 모든 존재가 평화롭게 공존할 수 있습니다. 그러므로 우리가 돈 버는 지식이나 욕심을 채우는 지식보다 하나님을 아는 지식을 추구해야 합니다. 돈 버는 지식이나 욕심을 채우는 지식을 추구하면 그로 인해 다른 사람이나 다른 피조물이 해를 입고 죽습니다. 싸움과 전쟁이 끊이지 않는 세상이 되고 맙니다.

이 세상에 존재하는 모든 것은 다 아름답고 소중합니다. 모든 것이 하나님께서 창조하신 하나님의 피조물이기 때문입니다. 우리가 천지만물을 창조하신 하나님을 알 때, 이 세상에 존재하는 모든 사람들, 나라들, 모든 피조물을 사랑하고 존중하는 방식으로 살 것입니다. 🌿

하나님, 지식과 기술을 사용하여 다른 존재를 억압하고 해치는 방식으로 이익을 취하는 사람들과 나라들로 인해, 온 인류와 피조물이 함께 멸망을 향해 치닫습니다. 하나님, 우리가 여호와를 아는 지식을 추구하게 하옵소서. 온 세상 모든 피조물을 아름답게 창조하시고, 서로 조화를 이루고 서로 사랑하며 살게 하신 주님의 뜻을 깨닫게 하옵소서. 하나님을 더욱 깊이 알아감으로, 모든 존재의 소중함을 깨닫고 사랑하게 하옵소서. 우리를 둘러싼 모든 피조물을 사랑스런 우리의 형제자매로 받아들이고, 존중하고, 사랑하게 하옵소서. 그리하여 해 됨도 상함도 없는 아름다운 세상을 이루게 하옵소서.

1. 더 좋은 무기나 전술을 개발하여 전쟁을 벌이는 나라들과 더 좋은 기술을 개발하여 피조물을 착취하고 파괴하는 사람들에 대해 말해봅시다.

2. 피조물을 착취하는 세상에서 벗어나 모든 존재가 평화롭게 공존하는 세상을 만들기 위해 하나님을 아는 지식을 추구해야 합니다. 하나님을 알아가는 삶에 대해 말해봅시다.

새 하늘과 새 땅을 창조하시는 하나님

이사야 65:17-25

보라. 내가 새 하늘과 새 땅을 창조하나니, 이전 것은 기억되거나
마음에 생각나지 아니할 것이라 _ 사 65:17

심판 후에 이루어질 새 하늘과 새 땅

최근 강한 태풍, 극심한 가뭄, 폭우와 홍수가 자주 찾아와 인류를 괴롭힙니다. 이런 일들은 탄소 배출의 증가로 인한 기후변화 때문입니다. 인류가 지나치게 많은 에너지와 물건을 소비하기 때문에 벌어지는 일입니다. 이런 재난을 당하면서도 예전과 똑같이 에너지와 물건을 소비하고 있기 때문에 앞으로도 이런 일은 계속될 것이고 더 심한 재앙이 찾아올 것입니다. 많은 전문가가 3~40년 안에 지구에 사람이 감당할 수 없는 재앙이 닥칠 것이라고 전망합니다. 우리 인류의 잘못된 생활 방식 때문에 인류 전체가 망할 위기를 만났습니다.

하나님은 죄 지은 사람을 그대로 두지 않고 반드시 벌을 내리십니다. 인류가 지금 겪고 있는 기후재앙도 바로 그런 벌입니다. 회개하지 않고 지금 방식대로 계속 살면 더 큰 벌을 받을 것입니다. 회개하고 새로운 방식으로 살아가야 합니다.

이스라엘 민족은 하나님으로부터 가나안 땅을 선물로 받고도 하나님의 말씀을 거역하며 살다가 결국 망하고 그 땅에서 쫓겨나고 말았습니다. 남왕국 유다의 예루살렘 성과 성전이 완전히 파괴되었고 많은 사

람이 죽고, 살아남은 사람들은 가나안 땅에서 쫓겨났습니다. 이것이 바로 죄에 대한 하나님의 심판입니다. 그런데 하나님께서는 심판만 하지 않고, 심판하신 후에는 사람과 세상을 새롭게 하십니다. 이사야 65장 전반부는 하나님의 심판에 대해 말하고, 후반부는 심판 후에 이루실 새 하늘과 새 땅에 대해 말합니다. 하나님은 새 하늘과 새 땅을 이루시기 전에 새 하늘과 새 땅에 적합하지 않은 것들을 다 제거하십니다. 그것이 심판입니다.

이사야 65장 17절 이하는 하나님께서 세상을 심판하신 후에 창조하실 새 하늘과 새 땅에 대해 말합니다. 이때 사람이 욕심과 죄로 만든 세상은 사라집니다(사 65:17). 18절 이하에서 새 하늘과 새 땅의 모습을 자세히 묘사합니다. 새 하늘과 새 땅에서는 우는 소리와 고통 때문에 부르짖는 소리가 들리지 않습니다(사 65:19). 새 하늘과 새 땅에서는 각 사람이 수고한 대로 그 결실을 거두고, 하나님과 사람들 사이에 막힌 것이 없어져, 서로 말하지 않아도 상대방의 사정을 다 아는 사이가 되고, 서로 해치거나 상하게 하는 일이 없습니다(사 65:21-24).

이처럼 하나님은 심판 후에 새로운 세상을 이루십니다. 하나님께서는 서로 해치고 상하게 하는 세상을 망하게 하시고, 해하는 것이나 상하는 것이 없는 새 하늘과 새 땅을 이루십니다. 하나님은 결코 이 세상이 망하는 것으로 끝나게 하지 않으시고, 반드시 아름답게 완성하십니다.

하나님이 이루시는 새 하늘과 새 땅

우리가 주목할 것은 새 하늘과 새 땅을 이루시는 분은 하나님이라는 사실입니다. 새 하늘과 새 땅은 사람이 만드는 세상과는 차원이 다릅니다. 사람이 만들어가는 세상은 사람들과 다른 피조물을 울부짖게 만드는 세상이요 심판을 받아 사라질 세상입니다. 사람이 환경운동을 열심히 한다고 해서 사람의 힘으로 새 하늘과 새 땅을 만들 수는 없습니다.

이는 환경운동을 하는 세력보다 환경을 파괴하는 세력이 더 강하기 때문이기도 하지만, 근본적으로 새 하늘과 새 땅은 사람의 힘으로 만들 수 없는 세상이기 때문입니다. 그러므로 사람이 스스로 새 하늘과 새 땅을 만들 수 있다고 생각하지 않아야 합니다. 그런 생각을 하다 보면 예전의 공산당 독재 국가나 파시스트 독재 국가처럼 폭력적인 세상이 될 수 있습니다. 독재자들은 대개 자기가 옳다고 생각하는 것을 폭력적인 방식으로 강요하기 때문입니다.

권력이나 과학 기술이나 돈으로 새 하늘과 새 땅을 만들 수 있다고 생각하지 않아야 합니다. 우리의 연약함을 고백하고, 죄를 참회해야 합니다. 우리가 나쁜 세상을 만든다는 것을 깨닫고 참회해야 합니다. 그리고 새 하늘과 새 땅을 이루어 가시는 하나님의 뜻에 순종해야 합니다. 새 하늘과 새 땅을 이루시는 하나님을 의지하고 하나님이 주시는 힘으로 살아가야 합니다.

우리가 지구환경을 지키고 기후위기를 막기 위해서 노력해야 하지만, 그렇다고 우리만의 노력으로 그 모든 것을 할 수는 없습니다. 우리는 교만하지 않아야 합니다. 우리보다 더 이 지구를 사랑하시는 하나님의 뜻을 구하고 하나님이 주시는 힘으로 살아야 합니다. 하나님께서 반드시 새 하늘과 새 땅을 이루신다는 확신과 소망을 가지고 하나님이 하시는 일에 동참해야 합니다.

우리는 심판을 두려워해야 합니다. 사회적인 약자들과 온갖 피조물이 고생하고 울부짖는 이 세상을 하나님께서 반드시 심판하고 망하게 하실 것입니다. 우리는 그것을 두려워하며, 그런 심판으로부터 이 세상을 지키기 위해 참회하며 살아야 합니다. 다른 한편 우리는 희망을 품어야 합니다. 하나님께서 세상을 심판하시지만, 그 심판으로 모든 악을 없애시고, 반드시 새 하늘과 새 땅을 이루시기 때문입니다.

이처럼 한편으로는 두려워하고 한편으로는 희망을 품고, 하나님이 이루실 새 하늘과 새 땅, 모든 존재가 서로 해하거나 상하게 하지 않고

　　　　　　　　　기후위기 앞에 선 그리스도인들에게

평화롭게 살아가는 세상을 꿈꾸며 살아야 합니다. 그렇게 사는 사람이 새 하늘과 새 땅을 이루시는 하나님의 동역자가 될 것입니다. 🌿

하나님, 단순히 경제를 발전시켜 좋은 세상을 이루려고 하는 어리석은 인류 때문에 지구가 망가지고 사람들과 온갖 피조물이 울고 부르짖습니다. 지금 우리 인류가 만들어가는 세상은 심판 받아 망할 것이며, 그러한 세상에서 좀 더 잘 먹고 잘 살고자 하는 사람은 심판 받아 망할 것임을 잊지 않게 하옵소서. 주님의 심판을 받아 이 땅의 모든 악한 것이 사라지고, 새 하늘과 새 땅이 이루어질 것이라는 희망을 품고, 새 하늘과 새 땅을 이루시는 주님의 동역자로 살게 하옵소서.

1. 우리 시대 사람들은 어떤 세상을 만들려고 합니까? 인류가 만드는 세상에서 들려오는 울부짖는 소리에 귀를 기울여봅시다.

2. 사람들이 만드는 세상에 대한 하나님의 심판과 하나님이 친히 만드시는 새 하늘과 새 땅에 대해 말해봅시다. 우리는 어떻게 새 하늘과 새 땅을 만드는 일에 참여할 수 있습니까?

거짓말을 믿지 말라

예레미야 7:1-15

너희는 이것이 여호와의 성전이라, 여호와의 성전이라, 여호와의
성전이라 하는 거짓말을 믿지 말라 _렘 7:4

하나님이 성전에 계시다는 거짓말을 믿지 말라

돈이나 과학 기술로 기후재앙을 막을 수 있다는 주장은 거짓말입니다. 남극과 북극과 고산지대의 눈과 얼음이 계속 녹습니다. 녹아내리는 물 때문에 바다 수위가 높아져서 태평양의 섬들이 물에 잠기고 해안가 도시들도 물에 잠깁니다. 하지만 과학 기술이나 돈으로 기후변화를 제어할 수 없기 때문에 이 문제를 해결할 수 없습니다. 돈과 과학 기술만 믿으면 인류는 더 큰 재앙을 맞이할 것입니다.

남왕국 유다 사람들은 하나님 말씀 따라 사는 것에는 관심을 두지 않고, 예루살렘 성전이 그들을 지켜줄 것이라는 거짓말을 믿고 살다가 망했습니다. 선지자 예레미야는 평생 그런 거짓말과 싸웠습니다. 예레미야가 활동하던 시대에 남왕국 유다가 바벨론의 공격을 받아서 예루살렘성과 성전은 완전히 무너지고 많은 사람이 죽었고, 바벨론으로 사로잡혀갔습니다. 그러한 시대에 예레미야는 나라가 망할 것을 미리 내다보았습니다.

예레미야 7장은 '예레미야의 성전 설교'라고 부릅니다. 예레미야가 전한 하나님의 말씀의 핵심은 4절에 나옵니다. "너희는 이것이 여호와

의 성전이라, 여호와의 성전이라, 여호와의 성전이라 하는 거짓말을 믿지 말라." 당시 사람들은 하나님이 성전 안에 계시다고 생각했습니다. 거짓 선지자들도 그런 생각을 앞세우며 하나님께서 성전에 계시다고 말했고 그것을 근거로 성전과 성전이 있는 예루살렘은 외적이 침입해도 결코 무너지지 않는다고 말했습니다. 예레미야는 이러한 잘못된 성전 신앙을 무너뜨립니다. 그는 예루살렘 성전이 여호와의 성전이라고 말하는 것은 거짓말이요, 하나님이 예루살렘 성전 안에 계시지 않는다고 말했습니다. 그리고 나라가 망할 것이라고 말했습니다.

예레미야가 이렇게 말한 이유는 8-10절에 나옵니다. 예레미야는 예루살렘 성전을 여호와의 성전이라고 말하는 것을 무익한 거짓말이라고 했습니다. 당시 사람들이 온갖 악한 일과 우상숭배를 일삼으면서도, 성전에 들어와서 성전에 계신 하나님 덕분에 구원을 받는다고 말하는 것을 책망합니다. 그들이 성전 때문에 망하지 않는다고 말하는 것은 하나님 보시기에 가증한 일들을 마음껏 저지르기 위한 핑계에 불과하다고 하였습니다.

11절에서 예레미야는 예루살렘 성전이 도둑의 소굴이 되었다고 말합니다. 이는 성전이 범죄를 일삼는 사람들이 드나드는 곳이 되었다는 뜻입니다. 그런 사람들이 성전에 와서 하나님께서 자기들을 구원해주실 것이라고 믿는 것은 아무런 의미가 없습니다. "너희 길과 행위를 바르게 하라. 그리하면 내가 너희로 이 곳에 살게 하리라"(렘 7:3하). '너희 길과 행위를 바르게 하라'는 말씀은 하나님의 말씀을 따라서 바르게 살라는 말씀입니다. 하나님께서는 그렇게 살 때, 그의 백성을 예루살렘에서 계속 살게 하겠다고 하셨습니다. 성전에 와서 예배드리는 것보다 바르게 사는 것이 더 중요합니다.

하나님 말씀을 버리고 자기 욕심을 따라서 범죄를 일삼는 사람이 성전에 나와서 하나님께서 자기에게 복을 주시고 자기를 망하게 하지 않을 것이라고 믿는 것은 거짓 믿음입니다. 그런 거짓을 믿고 살다가는 허망하게 망할 뿐입니다. 그러므로 무엇보다 먼저 하나님의 말씀 따라 바르게 살아야 합니다.

기후위기 시대, 거짓말에 속지 말라

오늘 기후위기 시대를 살아가는 우리도 거짓말에 속지 않아야 합니다. 지금 우리는 그 어느 시대 사람들보다 잘 삽니다. 하고 싶은 거 마음대로 하고, 먹고 싶은 거 마음대로 먹고, 가고 싶은 곳에 마음대로 갑니다. 다시 말하면 우리의 욕심을 마음껏 충족시키며 삽니다. 그런데 이것은 하나님 보시기에 바른 삶이 아닙니다. 그런 생활 방식 때문에 지구의 환경이 망가지고 지구의 기온이 상승하고 기후재앙이 일어나고 있기 때문입니다. 지금 지구에서 일어나는 기후재앙을 보면 인류가 바르게 살지 않고 있다는 것이 분명합니다. 그러므로 욕심을 마음껏 채우는 방식으로 살면서도 망하지 않기를 바라는 것은 거짓입니다. 특히 인류가 축적한 재산과 기술로 이 문제를 해결할 수 있다고 믿는 것은 거짓 믿음입니다. 그런 거짓 믿음을 가지고 지금처럼 계속 살면 허망하고도 갑작스럽게 망하고 말 것입니다.

인류가 결코 망하지 않을 것이라고 말하는 것은 거짓입니다. 과학 기술이나 돈으로 문제를 해결할 것이라고 믿는 것도 거짓입니다. 어떤 회개도, 돌이킴도 없이 하나님께서 우리 인류를 지켜줄 것이라고 믿는 것도 거짓입니다. 우리는 그런 거짓에서 벗어나야 합니다. 그리고 바르게 살아야 합니다. 그래야 우리가 살고, 우리 후손도 살 수 있습니다.

지구환경이 급속도로 악화되는 시대에 우리는 환경을 회복시킬 새로운 방식으로 살아야 합니다. 이전과 똑같은 방식으로 살면서 환경이 회복되기를 바라는 것은 욕심에 불과하고, 자기 자신에게 속는 것입니다. 특히 돈이나 기술이 문제를 해결해 줄 것이라고 믿는 것은 거짓입니다. 우리가 바르게 살지 않으면 환경은 더 나빠지고, 인류가 함께 망하고 말 것입니다. 바르게 살지 않으면서 하나님께 아무리 기도해봐야 소용없습니다. 그런 기도는 헛된 기도요 거짓에 불과합니다. '너희 길과 행위를 바르게 하라. 그리하면 살리라'고 하신 하나님의 말씀을 기억하고, 기후위기 시대에 하나님의 말씀에 순종하여 바르게 살아가십시오. 🕊

하나님, 주님의 말씀에 순종하여 바르게 사는 것이 우리의 희망입니다. 주님의 말씀에 순종하여 바르게 사는 것이 기후위기 시대를 극복하는 가장 지혜로운 길입니다. 재물이나 기술이 우리를 기후위기에서 건져낼 것이라는 거짓말을 믿지 않게 하옵소서. 재물이나 기술의 힘을 믿고 욕심을 채우는 일에 몰두하지 않게 하옵소서. 하나님, 우리가 오직 하나님의 말씀에 순종하는 가운데 참된 희망을 품게 하옵소서. 거짓말에 현혹되지 않고, 진리의 말씀에 순종하게 하옵소서. 우리가 입술로만 주님을 섬기지 않고, 바른 삶으로 주님을 섬기게 하옵소서.

1. 바르게 살지 않으면서 복 받기를 바라는 것은 얼마나 허망한 일입니까? 그리스도인이나 교회는 어떻게 살든 망하지 않는다고 생각하는 것은 얼마나 어리석은 일입니까?

2. 재물이나 과학 기술의 한계에 대해 말해봅시다. 재물과 과학 기술만 믿고 마음껏 환경을 파괴하면 우리에게 어떤 일이 일어날지 토의해봅시다.

새 언약을 맺은 사람들

예레미야 31:31-34

여호와의 말씀이니라. 보라. 날이 이르리니 내가 이스라엘 집과
유다 집에 새 언약을 맺으리라 _ 렘 31:31

새 언약을 맺으시는 하나님

인류는 지난 200여 년 동안 석유와 석탄이라는 화석 연료를 기반으
로 문명을 발전시켜 왔습니다. 석유와 석탄이 없으면 우리 사회는 무너
집니다. 많은 발전소와 공장이 멈춥니다. 가정에서도 전기를 사용할 수
없고, 자동차도 멈춥니다. 이 세상은 탄소를 배출하지 않으면 살 수 없
는 세상입니다. 이런 세상에서 벗어나는 것, 다시 말해서 '탈탄소 사회'
를 이루는 것이 얼마나 어려운 일인지 모릅니다. 석유와 석탄에 기반을
둔 우리의 생활 방식을 근본적으로 바꾸지 않으면 불가능합니다.

탄소를 배출하며 사는 우리 사회는 지속가능하지 않습니다. 탄소 배
출이 많은 세상은 반드시 망합니다. 그러므로 우리는 지금 무너질 세상
에서 사는 셈입니다. 많은 학자들은 앞으로 수십 년 내에 지구에, 특히
인류에게 큰 재앙이 일어날 것이라고 예측합니다. 우리는 그 재앙을 피
할 수 없습니다. 인류를 멸망으로 몰아가는 탄소 배출 사회에서 벗어
나, 탈탄소 사회를 만드는 것이 우리의 중요한 과제입니다.

남왕국 유다 사람들은 자기들은 결코 망하지 않는다고 굳게 믿고 살
았습니다. 하지만 그들의 믿음대로 되지 않았습니다. 나라가 망할 것이

라고 한 예레미야의 예언은 결국 그대로 이루어졌습니다. 그런데 예레미야가 절망적인 말만 한 것은 아니었습니다. 예레미야 30-33장은 하나님께서 이스라엘 민족에게 주시는 희망과 약속의 말씀입니다. 31장 31-33절에서 하나님은 이스라엘 민족과 새로운 언약을 맺으시겠다고 말합니다. "여호와의 말씀이니라. 보라. 날이 이르리니 내가 이스라엘 집과 유다 집에 새 언약을 맺으리라"(렘 31:31). 하나님께서 장차 이스라엘 집과 유다 집과 새 언약을 맺으실 것이라고 약속하십니다. '새 언약'에 대응하는 옛 언약이 있습니다. 32절이 옛 언약에 대해서 말합니다. 옛 언약은 이스라엘 민족의 조상들이 애굽 땅에서 나올 때 하나님과 맺은 언약입니다. 하나님은 애굽을 나온 이스라엘 민족을 시내 산으로 이끄시고, 시내 산에서 이스라엘 민족과 언약을 맺으셨습니다. 그때 하나님께서 이스라엘 민족에게 율법을 주셨습니다. 이스라엘 민족은 하나님께서 주신 율법을 지키겠다고 하나님 앞에서 약속하였고, 하나님은 그러한 이스라엘 민족을 보호해 주시겠다고 약속하셨습니다. 이것이 옛 언약입니다.

그런데 이스라엘 민족이 율법을 지키지 않음으로 이 언약을 깨뜨려 버렸습니다. 언약이 깨짐으로 하나님은 이스라엘 민족을 보호하지 않으셨습니다. 이스라엘 민족이 세운 나라는 철저하게 망했습니다. 그러한 일이 바로 예레미야 시대에 일어났습니다. 하지만 하나님께서는 하나님과 사람 사이의 언약이 깨진 상태를 방치하지 않으시고 새로운 언약을 맺으시겠다고 하셨습니다. 특히 다시는 깨지지 않는 약속을 맺으시겠다고 약속하십니다. 33절이 이에 대해서 말합니다. 옛 언약은 돌판에 새기고 또한 종이에 기록하였습니다. 하나님은 십계명을 돌에 새겨서 이스라엘 민족에게 주었고, 모세는 하나님이 주시는 율법을 종이에 적어 기록하였습니다만, 새 언약은 돌이나 종이가 아니라, 사람의 마음에 새긴 언약입니다. 마음에 새겨지기에 도무지 잊을 수도 없고, 어길 수도 없고, 깨뜨릴 수 없습니다. 이처럼 새 언약은 깨지지 않습니다.

하나님의 은혜로 유지되는 새 언약

옛 언약과 새 언약의 가장 큰 차이는 새 언약은 전적으로 하나님의 은혜로 유지된다는 것입니다. 옛 언약은 율법을 지키는 사람들의 노력으로 유지되고 사람들이 율법을 지키지 않음으로 깨졌지만, 새 언약은 그렇지 않습니다. 죄를 용서하시는 예수님의 은혜와 우리를 거룩한 길로 인도하시는 성령님의 은혜, 신실하게 우리를 사랑하시는 변치 않은 아버지 하나님의 은혜 덕분에 새 언약은 결코 깨지지 않습니다.

우리는 화석 연료를 사용하는 현재의 체제가 계속 유지될 것이라고 생각하지 않아야 합니다. 이런 세상은 결코 영원히 지속될 수도 없고 지속되어서도 안 됩니다. 수많은 생명체가 고통을 당하고 죽기 때문입니다. 우리는 멸망으로 향하는 세상의 방식을 따라 살지 않아야 합니다. 더 잘 먹고, 잘살려고 애쓰지 않아야 합니다.

우리는 삼위일체 하나님께서 약속해주신 새 하늘과 새 땅을 바라보며 살아야 합니다. 사람의 힘이나 돈이나 과학 기술로 유지되는 세상이 아니라, 전적으로 하나님의 뜻이 이루어지고 하나님이 다스리시는 세상을 바라보며 살아야 합니다. 그리고 그러한 나라의 삶의 방식을 따라서 살아야 합니다. 하나님과 새 언약을 맺은 백성답게, 새로운 사람으로 새로운 방식으로 살아가야 합니다. 전적으로 하나님의 사랑을 의존하고 하나님을 사랑하는 방식으로 살아가야 합니다.

사람들이 만들어놓은 세상은 많은 에너지와 물건을 소비함으로 욕심을 채우는 세상입니다. 이러한 세상의 방식을 따라 살면 망합니다. 탄소 배출을 많이 하는 삶의 방식은 곧 무너집니다. 그런 어리석은 삶의 방식을 하루 빨리 버려야 합니다. 새 언약의 백성답게 우리를 사랑하시는 하나님과 깊은 사랑을 나누며 살아야 합니다. 망할 수밖에 없는 세상의 삶의 방식에서 벗어나 새 언약의 백성으로서 희망적이고 영원한 인생을 살아감으로, 이 세상에 새로운 길을 보여주어야 하겠습니다. 🌿

하나님, 욕망에 사로잡혀 죽음의 길로 가는 우리를 긍휼히 여기셔서 우리와 새로운 언약을 맺으시고 우리를 구원하여 주시니 감사합니다. 우리로 하여금 화석 연료를 사용하여 욕심을 채우는 삶의 방식을 버리게 하옵소서. 주님께서 우리를 위해 성자 예수님과 성령 하나님을 보내 새 언약을 맺으시고 영원히 주님과 사랑하며 살게 하셨사오니, 이 새 언약을 기억하고 물질적인 욕망을 추구하지 않고 주님의 사랑을 받아 누리며 주님을 사랑하게 하옵소서. 새 언약의 백성답게 주님과 사랑의 교제를 나누며 신령한 즐거움을 누리게 하옵소서.

1. 화석 연료를 기반으로 하는 현대 문명이 초래한 재앙에 대해 말해봅시다. 이러한 문명을 언제까지 유지할 수 있을지 생각해봅시다.

2. 화석 연료 없이 사는 새로운 삶의 방식에 대해 말해봅시다. 물질적이고 육체적인 욕망을 채우는 삶에서 벗어나, 우리를 사랑하시고 구원하시는 하나님과 사랑의 교제를 나누는 삶에 대해 말해봅시다.

마른 뼈가 살아나다

에스겔 37:1-10

> 주 여호와께서 이 뼈들에게 이같이 말씀하시기를 '내가 생기를 너희
> 에게 들어가게 하리니 너희가 살아나리라' _겔 37:5

마른 뼈와 같은 민족이 살아나다

유럽 의회는 핵 발전이 친환경 발전이 되려면 두 가지 조건이 충족
되어야 한다고 하였습니다. 첫째는 발전소에서 사고가 날 경우, 피해를
방지하는 핵연료, 즉 사고저항성 핵연료를 사용하는 것입니다. 발전소
에서 사고가 나도 사람의 생명에 해를 끼치지 않는 핵연료를 사용해야
한다는 것입니다. 두 번째 조건은 방사성 핵폐기물을 버릴 수 있는 곳
을 마련하는 것입니다.

이 기준을 따라 생각해 볼 때, 우리나라는 첫 번째 조건, 즉 사고가
날 경우 피해를 줄이는 사고저항성 핵연료를 아직 개발하지 못했습니
다. 정부는 2031년까지 개발하겠다고 하였습니다만, 쉽지 않을 것입니
다. 세계적으로도 그런 기술을 아직 제대로 개발하지 못했습니다. 두
번째 조건인 고준위방사성 핵폐기물 처리장도 아직 갖추지 못했습니
다. 우리나라뿐이 아닙니다. 전 세계에서 그런 폐기물 처리장을 확보한
나라는 핀란드 뿐입니다.

이 두 가지 조건을 갖추지 못하면 핵 발전소는 매우 위험합니다. 그
러므로 핵 발전소는 결코 건설되거나 지속되어서는 안됩니다. 사실 핵

발전소뿐만 아니라 인류가 성장과 풍요에 대한 욕심으로 발전소를 운영하는 한, 수력 발전소도 태양광 발전소도 우리의 미래가 될 수는 없습니다. 물론 발전소 없이 세상이 어떻게 유지될 수 있는가 질문할 수 있습니다. 그러나 인류의 역사를 보면 발전소가 없던 시기가 훨씬 더 깁니다. 발전소가 만들어진 것은 200년도 되지 않았습니다. 유구한 인류 역사 속에서 인간은 하나님으로부터 오는 은총으로, 그가 자연 속에 베풀어 두신 풍요로움으로 살아왔던 것을 기억해야 합니다. 은총을 잊고 인간의 힘만을 의지하는 한, 모든 발전소는 그저 인간에게 속한 것일 뿐입니다.

에스겔 37장은 사람이 만든 세상은 완전히 무너지고 하나님께서 새로운 세상을 만드실 것을 예고합니다. 에스겔 선지자는 바벨론에 사로잡혀 가서 함께 포로로 끌려온 동족 유대인들에게 하나님의 말씀을 전했습니다. 에스겔은 나라가 망하지 않고 다시 고국으로 돌아갈 것이라는 희망을 품은 사람들에게 희망을 버리라고 하였습니다. 에스겔의 예언대로 결국 나라가 망합니다. 나라가 망함으로써 바벨론에 사로잡혀 온 사람들은 돌아갈 곳이 없어졌습니다. 바벨론에서 해방된다 해도 돌아갈 곳이 없게 된 것입니다. 바벨론의 유대인들은 이방의 땅에서 살다가 죽고 그들의 후손들은 다른 민족에게 동화되어 사라져버릴 절망적인 상황에 빠졌습니다.

에스겔 33장은 절망적인 상황에 있던 사람들에게 주신 희망의 말씀입니다. 하나님께서 절망에 빠진 사람들에게 마른 뼈가 살아나는 환상을 보여주십니다. 하나님의 영이 에스겔을 뼈가 가득한 골짜기로 이끌었습니다. 뼈들은 다 말라 있었습니다. 도무지 살아날 수 없는 뼈들입니다. 하나님은 그 마른 뼈들에게 에스겔을 통해 말씀하셨고, 마른 뼈들이 서로 맞추어지고 뼈 위에 살이 오르고 가죽이 덮였습니다. 그 후 하나님께서 생기에게 명령을 내려 죽은 사람들 속으로 들어가게 하였습니다. 이에 마른 뼈들이 살아나 움직이는 큰 군대를 이루었습니다.

이 환상은 바벨론에 포로로 잡혀온 사람들이 절망적인 상황에 빠지겠지만, 하나님께서 그들을 그대로 두지 않으시고 다시 살리셔서 하나님의 영광을 드러내는 군대가 되게 하시겠다는 뜻입니다. 하나님의 은혜로 바벨론에서 사라져 버릴 위기에 처했던 이스라엘 민족이 살아나서 고향으로 돌아가 민족과 나라를 재건합니다.

절망적인 세상에 희망을 주시는 하나님

우리는 망하는 것을 두려워하지 않아야 합니다. 인류의 현재 생활 방식은 지구환경을 망가뜨리기 때문에 이런 식으로는 결코 오래 살 수 없습니다. 이 세계가 언젠가는 기후변화로 인한 재앙이나, 핵전쟁 같은 어리석은 행동 때문에 망하고 말 것입니다. 하지만 그것이 절망은 아닙니다. 왜냐하면 당신의 영으로 사람과 세상을 새롭게 하시는 하나님이 계시기 때문입니다.

그리스도인들의 사명은 죄로 물든 세상을 망하게 하시고, 또한 당신의 영으로 사람들과 세상을 다시 살리시는 하나님을 사람들에게 알리는 것입니다. 우리는 이 세상이 이대로 유지되기를 고집하지 않아야 합니다. 하나님이 이루실 새 하늘과 새 땅을 바라보며 살아야 합니다. 물질문명을 발전시켜 온갖 욕심을 채우는 현재 삶의 방식을 버리고, 오직 하나님의 영에 이끌려 거룩하게 하나님 나라의 삶의 방식을 따라 살아야 합니다.

그렇게 살기 위해서는 현재의 생활 방식을 유지하지 못하는 것이 아니라 현재의 생활 방식을 유지하는 것이 오히려 절망적이라고 생각해야 합니다. 그리고 절망적인 현실이 닥쳐와도 그것을 두려워하지 않아야 합니다.

세계에 기후변화로 인한 재앙이 끊임없이 일어나지만 우리는 절망하지 않아야 합니다. 그리스도인들은 마른 뼈를 살아나게 하시는 하나님

기후위기 앞에 선 그리스도인들에게

을 믿어야 합니다. 인간의 욕심으로 만들어 낸 세상을 멸망시키시고 새로운 세상을 창조하시는 하나님을 믿어야 합니다. 그러한 믿음을 가지고 절망을 이겨내야 합니다. 절망을 희망으로 바꾸실 하나님을 굳게 믿고, 곧 망해버릴 세상의 삶의 방식을 버리고, 하나님이 이루실 새 하늘과 새 땅의 방식으로 살아가야 합니다.

하나님은 당신이 창조하신 세계를 허망하게 멸망하도록 내버려두지 않으실 것입니다. 하나님은 우리가 겪는 기후위기를 넘어서 새로운 세상을 이루실 것입니다. 하나님 안에서 생명의 승리를 꿈꿉시다. 모든 것이 회복되고 되살아나는 세상, 하나님 나라를 꿈꾸며, 절망 속에 있는 이들에게 소망을 말합시다. 🌿

하나님, 주님 안에 있는 우리가 죽음을 두려워하지 않게 하옵소서. 기후변화로 인한 재앙이 날마다 일어나지만, 우리가 절망하지 않게 하옵소서. 인류가 욕심과 죄악으로 만들어가는 세상이 끝을 향해 달려가고, 하나님이 이루실 새로운 세상이 다가오고 있음을 깨닫게 하옵소서. 기후재앙을 일으키는 죽음의 세상이 끝나고, 모든 생명체가 풍성한 생명을 누리는 새로운 세상이 이루어질 것을 믿게 하옵소서.

1. 우리가 사는 세상이 마른 뼈가 가득한 골짜기처럼 될 수 있습니다. 현재 삶의 방식을 유지하면 반드시 그렇게 될 것입니다. 이런 절망적인 일에 우리는 어떻게 대비해야 할까요?

2. 사람이 만든 세상은 철저하게 망하고, 하나님이 새로운 세상을 이루십니다. 이것을 믿는 우리는 어떻게 살아야 할까요?

성전에서 나온 물이 세상을 살리다

에스겔 47:1-12

이 강물이 이르는 곳마다 번성하는 모든 생물이 살고 또 고기가 심히
많으리니, 이 물이 흘러 들어가므로 바닷물이 되살아나겠고,
이 강이 이르는 각처에 모든 것이 살 것이며 _ 겔 47:9

성전에서 흘러나오는 물이 온 세상을 살리다

유럽의 여러 국가들이 재생 에너지로 만든 물건이 아니면 수입
을 하지 않겠다고 하였습니다. 이 때문에 우리나라 여러 기업이
RE100(Renewable Electricity 100) 선언을 하였습니다. 어떤 물건을 만들
때, 재생 에너지를 사용하겠다는 것입니다. 그런데 우리나라에서 생산
되는 재생 에너지 현실은 삼성전자 한 회사에게 공급하기에도 부족한
실정입니다. 이처럼 재생 에너지 생산이 부족하기 때문에 얼마 지나지
않아 우리나라 기업이 만든 물건을 유럽에 수출하지 못하는 상황이 벌
어질 수도 있습니다. 그런데 재생 에너지를 많이 만들고 그것을 팔아
돈을 벌면 좋은 나라가 되겠습니까? 결코 아닙니다. 재생 에너지를 더
만들고, 물건을 더 생산하려고 하면 반드시 부작용이 뒤따릅니다. 재생
에너지를 많이 생산하는 것이 결코 근본적인 해법이 될 수 없습니다.

근본적인 해법은 무엇입니까? 그것은 에너지도 적게 생산하고, 물건
도 적게 생산하고, 소비도 적게 하는 것입니다. 더 단출하게, 더 가난하
게 사는 것이 근본적인 해법입니다. 많이 생산하고 많이 소비할수록 세

상은 더 빨리 망가집니다. 그런데 가난하게 사는 것에 대해 기업들이 찬성을 하겠습니까? 돈을 버는 것이 목적인 기업이 찬성할 리가 없습니다. 부자가 되려고 하는 욕망이 가득한 사람들도 가난해지는 것을 좋아하지 않습니다. 그러면 세상이 어떻게 되겠습니까? 망할 것입니다. 이런 현실에서 그리스도인들이 나서야 합니다. 가난하게 사는 것을 두려워하지 않고, 가난하게 살아도 감사하고 기뻐하며 살 수 있는 그리스도인이 이 세상이 나아갈 길을 보여주어야 합니다. 에스겔 47장은 우리 교회와 그리스도인이 이 세상의 희망이라고 말합니다.

에스겔 47장에서 에스겔 선지자는 성전이 회복됨으로써 이스라엘 민족이 회복될 것이라고 말합니다. 에스겔 40-48장은 성전에 관한 환상입니다. 에스겔은 새로운 성전의 모습을 자세하게 묘사하고, 새로운 성전으로 하나님의 영광이 임하는 환상을 봅니다. 하나님의 영광이 성전에 돌아옴으로써 성전이 제 기능을 회복합니다. 이후 성전을 중심으로 이스라엘 민족과 온 세상이 새로운 생활을 하는 환상을 봅니다.

에스겔 47장은 성전에서 물이 흘러나와 온 세상을 살리고 풍요롭게 하는 환상입니다. 성전 문지방에서 물이 흘러나오더니 그 물이 성전 구역 바깥쪽까지 흘러나갑니다. 성전에서 흘러나오는 물의 양이 점점 많아져 사람이 능히 건너지 못할 만큼 큰 강물이 됩니다. 그리고 그 강물이 흘러가는 곳마다 식물과 동물이 살아나고 번성합니다. 성전에서 나온 물이 온 세상을 살립니다. 심지어 죽음의 바다라고 불리는 사해도 살아나고 그곳에서 생명체들이 번성합니다. 과일나무가 1년에 열두 번이나 열매를 맺고, 과일나무의 잎사귀는 병든 사람을 치유하는 약재로 사용됩니다. 하나님의 영광이 머무는 성전으로부터 나온 물이 흘러가는 곳마다 생명이 살아나서 새로운 세상이 만들어집니다.

예수님을 믿는 사람을 통해 흘러가는 생수의 강

에스겔 47장은 성전의 소중함을 강조합니다. 그런데 신약시대에는 성전이 사라졌고, 성전의 역할을 교회가 대신합니다. 교회는 건물이 아니라 사람들, 예수님을 믿는 사람들입니다. 예수님은 당신이 곧 성전이라고 하셨습니다. 성경은 우리 각 사람이 성전이라고 하였습니다. 예수님 안에 하나님이 늘 머무시고 예수님은 하나님을 세상에 그대로 보여주셨습니다. 예수님의 지체인 우리들 역시 하나님을 모시고 사는 공동체요, 하나님을 세상에 보여주는 공동체입니다. 우리가 성전입니다. 교회 생활을 통해 이 세상에 하나님을 보여주고 하나님의 영광을 드러내는 것이 우리의 중요한 사명입니다.

예수님은 "나를 믿는 자는 그 배에서 생수의 강이 흘러나오리라"(요 7:38)고 하셨습니다. 우리가 예수님을 믿을 때 우리 자신이 거룩한 성전이 되고, 이 성전에서 생명을 살리는 물이 흘러나옵니다. 예수님을 믿는 교회 공동체가 세상을 살리는 생수의 강입니다.

우리는 기후변화로 인해 온 인류가 망할 수도 있는 절체절명의 시대를 삽니다. 죽음의 그림자가 우리의 삶에 짙게 드리워졌습니다. 이런 어두운 시대에 기업인들은 계속해서 돈만 벌려고 합니다. 과학 기술은 주로 돈 버는 데 사용되고, 심지어 사람을 죽이는 무기를 개발하는 데 사용됩니다. 각 나라들은 자국 이기주의에 빠져서 세상이 파괴되고 망가지는 것에 관심을 두지 않습니다.

남은 것은 교회밖에 없습니다. 그러므로 교회와 그리스도인들이 물질적인 욕망에 빠지지 않고 오직 삼위일체 하나님을 믿고 하나님이 베풀어주시는 신령한 은총으로 만족하며 살아야 합니다. 우리는 이러한 신앙 생활을 통해 오직 예수 그리스도를 믿는 것이 진정으로 사는 길이요 진리의 길이라는 것을 보여주어야 합니다.

물질적이거나 육체적으로 잘 먹고 잘 사는 것은 결코 생명의 길이 될 수 없습니다. 그렇게 살아봐야 죽음에 이를 뿐입니다. 그리스도인들은 우리의 구주이신 예수님을 믿는 즐거움, 예수님의 말씀대로 사는 즐거움, 예수님과 사귀는 즐거움을 누리며 살아야 합니다. 그러한 삶으로 이 세상에 예수 그리스도의 복음을 전해야 합니다. 그러할 때 이 세상 사람들이 예수 그리스도의 복음을 받아들이고, 물질적이고 육체적인 욕망에서 해방되어 신령한 즐거움을 누리고 참 생명을 얻게 될 것입니다. 그리고 죽음으로 치닫던 이 세상은 다시 회복되어 생명으로 왕성하게 될 것입니다. 우리는 그러한 세상이 이루어질 것을 내다보고, 하나님의 성전답게 거룩한 생활을 하며 거룩한 즐거움을 누리며 살아야 하겠습니다. 🕊

온 세상을 다스리시고 살리시는 하나님, 우리를 거룩한 성전으로 삼으시고 우리 안에 거하시는 하나님, 우리가 오직 주님이 베푸시는 신령한 은총으로 만족하게 하옵소서. 우리가 오직 예수님을 믿고, 예수님과 함께 죽고 예수님과 함께 사는 은혜를 누리게 하옵소서. 예수님을 믿는 우리 교회 공동체가 세상을 살리는 생수의 강이 되게 하옵소서. 물질적이고 육체적인 욕망을 충족시키느라 죽음으로 치닫는 세상을 살리게 하옵소서.

1. 교회를 통해 온 세상에 복음이 전파된 역사를 살펴봅시다. 기후재앙으로 죽을 위기에 처한 피조물에게 교회가 어떻게 복음을 전파할 수 있을까요?

2. 교회와 기업의 차이에 대해 말해보고, 기업을 닮아가는 교회를 성찰해봅시다. 기후위기 시대의 교회는 어떤 모습을 갖추어야 한다고 생각하십니까?

육식을 거부한 하나님의 사람들

다니엘은 뜻을 정하여 왕의 음식과 그가 마시는 포도주로 자기를
더럽히지 아니하리라 하고, 자기를 더럽히지 아니하도록
환관장에게 구하니 _단 1:8

육식을 거부하고 채식을 선택한 사람들

전 세계에서 고기를 얻기 위해 기르는 가축의 수는 사람의 수보다 훨씬 많습니다. 소가 15억 마리, 돼지가 10억 마리, 양이 10억 마리, 닭을 비롯한 가금류가 190억 마리 정도라고 합니다. 이렇게 많은 가축을 기르려면 땅과 초지, 물과 사료가 필요합니다. 가축을 위한 목장을 조성하는 과정에서 풀이나 나무가 훼손됩니다. 가축에게 먹일 사료를 얻기 위해 밭을 만드는 과정에서 환경 훼손이 일어납니다. 가축의 배설물도 어마어마하게 많습니다. 가축을 기르는 과정에서 엄청난 온실가스가 배출되고 그것이 지구 온난화와 기후변화의 원인이 됩니다. 브라질에서는 소를 기르기 위해서 사람들이 아마존의 열대우림에 불을 지르거나 벌목을 합니다. 아마존강 유역의 열대우림은 지구의 허파라고 불리는데, 지구의 허파가 병들었습니다.

우리가 주로 채소를 먹던 시절에는 지구의 환경 문제가 그리 심각하지 않았습니다. 지구 온난화와 기후변화 문제 자체가 없었습니다. 그런데 육식이 가파르게 늘면서 지구환경이 급속하게 나빠지고 지구의 미래도 어두워졌습니다. 이것은 현재 우리의 식생활이 크게 잘못되었다

는 뜻입니다. 다니엘 1장에는 육식을 거부하고 채식을 선택한 신앙인들이 나옵니다. 이들의 식생활에서 우리가 배워야할 것이 많습니다.

다니엘 1-6장은 바벨론에 사로잡혀간 유대인들, 다니엘과 그의 세 친구들이 이방인의 통치 아래에서도 꿋꿋하게 하나님의 말씀에 순종하며 사는 이야기입니다. 바벨론의 느부갓네살 왕은 사로잡아온 유대인 인재들에게 바벨론의 학문과 언어를 가르쳐 바벨론에 충성하는 사람으로 만들려고 하였습니다. 3년 동안 왕의 음식과 왕이 먹는 포도주를 제공하였습니다. 당시 왕을 비롯한 지위 높은 사람들이 먹는 음식 중 가장 중요한 것은 고기였습니다. 왕을 비롯한 바벨론의 상류층은 고기를 먹음으로써 자신들은 다른 사람들과 다르다는 것을 과시하였습니다. 유대인 인재들도 그런 음식을 먹음으로써 다른 유대인들뿐만 아니라 고기를 먹지 못하는 바벨론 사람들과도 차원이 다르게 산다는 것을 과시할 수 있었습니다. 고기를 먹는 특권층이 될 수 있었습니다.

그런데 다니엘과 그의 세 친구는 왕의 음식을 거부합니다. 그들은 그 음식을 통해서 자신들의 지위가 높아진다고 생각하지 않고, 오히려 그 음식 때문에 자신들이 더러워진다고 생각하였습니다(단 1:8). 레위기 11장을 보면 음식을 정결한 음식과 부정한 음식으로 나눕니다. 부정한 음식은 사람을 더럽게 하는 음식입니다. 특히 정결한 고기, 먹을 수 있는 고기와 부정한 고기, 먹을 수 없는 고기를 구분합니다. 여기서 주목할 것은 채소에 대해서는 정한 것과 부정한 것을 나누지 않고, 고기에 대해서만 정한 것과 부정한 것을 나눈다는 점입니다. 이러한 규정을 따라, 유대인 네 청년은 바벨론에서 제공되는 고기를 부정한 음식이라고 규정하고 채소만 먹기로 결심했습니다.

네 청년은 그 고기가 우상 앞에 놓였다가 제공되는 것이고, 함께 포로로 끌려온 동족의 형편 때문에 그런 결정을 하였을 것입니다. 당시 유대인은 대부분 노예로서 강제 노동에 시달렸습니다. 그런 상황에서 자신만 고기를 먹으며 편안하게 사는 것은 자신을 더럽히는 일이라고 생각하였을 것입니다.

그러나 유대인 청년들을 관리하던 사람은 고기를 먹지 않겠다는 네 청년의 결정을 존중하지 않았습니다. 그러자 네 청년은 열흘 동안 채소를 먹고, 그 뒤에 고기를 먹는 사람과 얼굴을 비교해서 판단을 해 달라고 부탁했습니다. 관리는 허락하였습니다. 열흘 후에 유대인 네 청년과 왕의 음식을 먹은 사람들의 얼굴을 비교해보니, 채식만 했던 다니엘과 그의 세 친구의 얼굴이 더욱 빛났습니다. 이후 네 사람은 고기를 먹지 않고 채소만 먹고 살았습니다.

육식 때문에 황폐해지는 세상

다니엘 1장은 채식이 진리라고 가르치지 않습니다. 우리가 지금 고기를 먹으면서 살 상황인지, 고기를 먹고 사는 것이 우리를 더럽히는 일이 아닌지를 살펴보라고 권면합니다. 인류가 본격적으로 육식을 하면서부터 지구환경이 급속하게 악화되었습니다. 지구상에는 고기가 아니라 채소도 먹지 못해서 죽어가는 사람들이 많습니다. 이런 상황에서 어리석은 인류는 더 많은 고기를 먹기 위해 밭에서 생산한 곡물을 가축에게 먹입니다, 사람이 먹을 수도 있는 것을 가축에게 줍니다. 인류가 육식을 줄이고 가축 사육을 줄이면, 이 세상에서 굶어 죽는 사람들이 줄고, 지구환경이 회복될 것입니다.

신약에서 사도 바울 역시 이런 다짐을 하였습니다. "그러므로 만일 음식이 내 형제를 실족하게 한다면, 나는 영원히 고기를 먹지 아니하여 내 형제를 실족하지 않게 하리라"(고전 8:13). 바울은 고기 먹는 문제로 어떤 사람이 마음이 상하고 시험에 빠지게 된다면 자신은 영원히 고기를 먹지 않겠다고 하였습니다. 바울은 형제자매를 사랑하는 것이 고기를 먹느냐 먹지 않느냐보다 더 중요하다고 생각하였습니다.

지금 이 시대에 우리의 형제자매들이 제대로 먹지 못해서 굶어 죽어

기후위기 앞에 선 그리스도인들에게

갑니다. 축산업으로 인해 지구환경이 급속히 악화되어 수많은 사람과 동·식물이 삶의 터전을 잃고 죽습니다. 이 시대에 우리는 마음 편하게 마음껏 고기를 먹고 살 수 없습니다. "그러므로 염려하여 이르기를 무엇을 먹을까 무엇을 마실까 무엇을 입을까 하지 말라"(마 6:31). "그런즉 너희는 먼저 그의 나라와 그의 의를 구하라. 그리하면 이 모든 것을 너희에게 더하시리라"(마 6:33). 더 좋은 음식, 더 많은 고기가 아니라 우리는 하나님 나라와 그의 의를 추구해야 합니다. 🌿

하나님, 좋은 음식 먹는 것으로 만족하거나 자신을 자랑하지 않게 하옵소서. 우리가 먹는 음식 때문에 이웃이 해를 입는 건 아닌지 돌아보게 하옵소서. 지나친 육식으로 인해 수많은 사람이 굶어 죽고 기후재앙이 일어나는 시대에, 육식을 절제하고 채소를 먹으며 고통을 겪는 피조물을 돌보게 하옵소서. 온 세계 모든 사람이 하나님 앞에 모여 한 상에서 같은 음식을 먹게 될 하나님 나라를 꿈꾸며 살게 하옵소서.

1. 우리의 식생활에 대해 말해봅시다. 그것이 환경 파괴와 기후재앙을 촉발하는 요인이 되지 않는지 돌아봅시다. 지구를 살리는 식생활에 대해 알아봅시다.

2. 육식을 줄이고 채식을 늘리는 생활에 대해 토의합시다. 육류를 대체할 수 있는 음식에 대해 알아봅시다.

멸망하지 않는 나라

다니엘 7:9-14

내가 또 밤 환상 중에 보니 인자 같은 이가 하늘 구름을 타고 와서 옛적부터 항상 계신 이에게 나아가 그 앞으로 인도되매, 그에게 권세와 영광과 나라를 주고 모든 백성과 나라들과 다른 언어를 말하는 모든 자들이 그를 섬기게 하였으니, 그의 권세는 소멸되지 아니하는 영원한 권세요, 그의 나라는 멸망하지 아니할 것이니라 _단 7:13-14

'짐승'같은 사람들이 만드는 악한 세상

지금 세계에는 이스라엘이나 러시아가 시작한 악한 전쟁이 한창입니다. 비슷한 종류의 악한 일들이 우리 사회 각 분야에서 벌어지고 있습니다. 사람의 안전이나 목숨보다 돈을 더 소중하게 여기는 기업이나 경영자 때문에 일터에서 노동자들이 죽어가고 있으며, 정치 권력을 잡은 사람들은 권력 다툼을 벌이느라 법과 상식을 수시로 무너뜨립니다. 그 가운데 약하고 가난한 사람들은 더욱 살기 어려운 상황으로 내몰립니다. 이렇게 각자의 탐욕에 사로잡힌 사람들의 악한 행실로 우리가 사는 지구환경 역시 나날이 파괴됩니다. 2015년에 세계 주요 국가들이 파리기후협약에 참여하여 탄소 배출을 줄이겠다는 약속을 하였지만, 지키지는 않습니다. 나라의 지도자들은 우리 모두의 집인 지구의 환경이 망가지는 것에는 관심이 없고 단지 자기 권력을 지키고 자기 나라의 이익만 앞세웁니다. 성경은 이렇게 권력만을 탐하고 악한 일을 일삼는 각 나라나 그 지도자들을 '짐승'이라고 표현하고, 이들 때문에 세상이 멸망한다고 말합니다. 다니엘 7장이 바로 그러한 말씀입니다.

다니엘 7-12장은 신약의 요한계시록과 닮았습니다. 이 부분을 '구약의 묵시 문서'라고 부릅니다. 묵시 문서는 박해 시대에 박해받는 성도를 격려하기 위해 기록한 문서입니다. 알렉산더 대왕이 죽은 후에 나라가 넷으로 나뉩니다. 안티오커스 4세는 네 개로 분열된 그리스 제국 중에서 아시아 지역(셀류커스 왕조)을 다스리는 왕이었습니다. 그는 자기가 다스리는 지역에서는 모두 제우스 신을 섬기도록 강요합니다. 예루살렘 성전을 점령하여 제우스 신상을 세우고 돼지의 피를 뿌려 제단을 더럽게 만들고, 제사를 금지하고 율법도 지키지 못하게 하였습니다. 이에 안티오커스 4세에 대항하여 싸우는 사람들이 일어났습니다. 그들을 하시딤(경건한 자들, 성도)이라고 불렀습니다. 다니엘 7-12장은 바로 이런 사람들, 박해 시대에 믿음을 지키기 위해 싸우던 사람들을 격려하기 위해서 기록한 말씀입니다.

다니엘 7장은 성도를 박해하는 세력을 멸망시킬 하나님과 하나님으로부터 권력을 위임받은 '인자 같은 이'에 대해서 말합니다. 7장 1-8절에는 네 마리 '짐승'이 등장합니다. 이 짐승은 모두, 어떤 나라나 그 나라를 통치하는 왕들을 가리키는데, 그들은 하나님의 뜻을 거스르고, 하나님의 통치가 이루어지는 것을 방해한 세력들입니다.

다니엘 7장 7-8절은 네 번째 짐승에 대한 설명입니다. 네 번째 짐승은 다른 세 짐승보다 훨씬 더 무섭고 이상한 괴물입니다. 이 괴물이 상징하는 이는 바로 안티오커스 4세입니다. 그런데 온 세상을 주관하시는 하나님께서 이 짐승들을 없애십니다. 이어지는 13-14절을 보면 하나님께서는 이 모든 것을 인자 같은 이에게 위임하십니다. 하나님께서 그에게 권세와 영광과 나라를 주셨습니다. 모든 백성과 나라들과 각종 언어를 사용하는 사람들이 그 '인자 같은 이'를 섬기게 하였습니다. 인자 같은 이의 권세는 소멸되지 않고 그의 나라를 영원토록 다스릴 것입니다. 세상 나라나 세상 나라의 통치자들은 모두 사라지고, 인자 같은 이가 다스리는 나라만 영원히 남을 것입니다. '짐승 같은 이들'의 세상은 사라지고, '인자 같은 이'의 세상이 펼쳐집니다.

사람다운 사람이 만드는 좋은 세상

인자 같은 이에서 '인자'(人子)라는 말은 '사람의 아들'이라는 뜻입니다. 사람의 아들은 곧 사람입니다. 그렇기에 인자 같은 이는 곧 사람 같은 이라고 볼 수 있습니다. '사람 같은 이'는 앞에서 말한 짐승이나 괴물 같은 이들과 대비되는 존재입니다. 자기 욕심을 앞세우거나 자기의 힘을 과시하지 않습니다. 그가 다스리는 세상에는 하나님의 뜻이 온전히 이루어집니다. 우리가 믿는 바처럼 참 신이신 예수님이야말로 또한 참 사람이시며 가장 사람다운 사람이십니다. 그 참 사람이신 예수님께서 다스리는 세상에서 모든 사람은 비로소 사람답게 살아갈 수 있으며, 그곳에 하나님의 나라가 완성됩니다.

우리가 이 하나님 나라를 기대한다면 어떻게 살아야 하겠습니까? 참 사람이신 예수님의 다스림을 받아서 예수님을 닮아가야 합니다. 예수님처럼 가장 사람다운 사람이 되어야 합니다. 짐승 같은 나라와 짐승 같은 통치자들과 짐승 같은 사람들 때문에 하나님이 창조하신 세계가 더러워지고 파괴됩니다. 권력이나 돈밖에 모르는 사람들이 많아질수록 세상은 더 빨리 망가지고, 보통 사람들의 삶은 더 어려워질 것입니다.

하나님 나라는 절대 권력자나 재벌과 같은 부자가 많은 나라가 아닙니다. 오히려 누군가가 힘을 독점하지 않는 나라, 누군가가 부를 독점되지 않는 나라가 하나님 나라입니다. 예수 그리스도의 은총으로 죄 용서를 받고 하나님의 형상을 회복한 가장 사람다운 사람들이 가득한 세상입니다. 평등과 평화의 세상입니다. 그러므로 우리가 예수님을 닮은 사람다운 사람이 되는 것, 예수 그리스도의 은총을 입어 온전한 사람으로 사는 것이 바로 하나님 나라를 앞당기는 일입니다.

기후위기 앞에 선 그리스도인들에게

지금 우리가 겪는 기후위기 시대를 극복하고 하나님이 지으신 창조세계를 아름답게 회복하는 길도 바로 우리가 사람다운 사람이 되는 것입니다. 더 많이 차지하려고 싸우는 인생을 청산하고, 예수님의 은총을 입어 가장 아름답고 거룩한 사람이 됨으로써, 이 땅 위에 하나님 나라를 실현하고 창조세계를 아름답게 회복시켜야 하겠습니다. 🕊

하나님, 주님이 주신 거룩한 형상과 아름다운 성품을 잃어버리고 욕심에 이끌려 살아가는 우리를 긍휼히 여기시고, 우리에게 참 사람 예수 그리스도를 보내주셔서, 죄로 물든 우리를 새롭게 하시고 참 사람으로 살게 하시니 감사합니다. 나라들과 사람들과 통치자들의 악한 행실로 인해 주님께서 창조하신 세계가 파괴되고 있습니다. 하나님, 우리가 오직 참 사람이신 예수님의 다스림을 받아서, 우리 안에 있는 악한 행실과 성품을 다 내어버리고 오직 예수님을 닮아, 가장 사람다운 사람으로 살게 하옵소서.

1. 생태계에서 우리 사람처럼 자기가 사는 환경을 스스로 더럽히고 파괴하는 생명체는 없습니다. 자기가 사는 환경을 스스로 무너뜨리는 사람들의 행위에 대해 반성해봅시다.

2. 사람답게 사는 길은 자기 자신뿐 아니라 다른 생명이 살 수 있는 생명의 터전을 잘 지켜주는 일에 있습니다. 참 사람이신 예수님께서 우리를 위해 하신 일을 깊이 생각해봅시다.

거친 들에서 소망을 얻기

호세아 2:14-23

> 그러므로 보라. 내가 그를 타일러 거친 들로 데리고 가서 말로 위로하
> 고 [......] 내가 네게 장가 들어 영원히 살되, 공의와 정의와 은총과
> 긍휼히 여김으로 네게 장가들며, 진실함으로 네게 장가들리니
> 네가 여호와를 알리라 _ 호 2:14, 19-20

물질적인 풍요로움 때문에 망하는 세상

인류는 지금 물질적으로 더이상 풍요로울 수 없을 정도로 풍요롭게 삽니다. 그런데 이러한 시대에 위기를 말하는 사람들이 많습니다. 그 대표적인 위기가 바로 기후위기입니다. 인류가 누리는 지나친 풍요로움 때문에 지구환경이 오염되고 파괴되었으며, 급기야 과다한 온실가스 배출로 기후변화가 진행중입니다. 그동안 경험해보지 못했던 가뭄과 홍수, 더위와 추위가 인류의 삶을 위협합니다. 바르게 사는 것, 사랑하는 것에는 관심이 없고, 물질적인 풍요로움만 추구하다가 이런 위기를 맞이하게 되었습니다.

북왕국 이스라엘은 여로보암 2세 시대에 물질적으로 가장 풍요롭게 살았습니다. 그러나 그 풍요로운 시대에 아모스나 호세아 같은 선지자들이 등장하여 나라가 망할 것이라고 외쳤습니다. 이는 당시 사람들이 물질적으로 풍요롭게 사는 것에만 관심을 두고 하나님의 말씀인 율법을 지키지 않았기 때문입니다.

호세아는 이스라엘 사람들이 물질적인 풍요로움만 추구하는 모습을

보면서, 그들이 하나님을 떠나 바알 신을 섬기며 음행을 한다고 책망하였습니다. 그것 때문에 나라가 망할 것이라고 하였습니다. 실제로 앗수르가 일어나 북왕국 이스라엘을 완전히 멸망시켰습니다. 그런데 호세아 선지자는 나라는 망하지만, 하나님의 사랑은 변함없고 하나님은 이스라엘 민족을 버리지 않으시고 다시 회복시킬 것이라고 합니다. 호세아 2장 14절 이하 말씀이 그것에 대해서 말합니다.

"그러므로 보라. 내가 그를 타일러 거친 들로 데리고 가서 말로 위로하고"(호 2:14). 여기에서 '나'는 하나님이고 '그'는 이스라엘 민족입니다. 하나님이 이스라엘 민족을 타일러 거친 들로 데리고 가서 말로 위로하겠다고 하셨습니다. '거친 들'은 광야입니다. 광야는 농사를 짓거나 가축을 기를 수 없고, 도시를 건설할 수도 없습니다. 사람들의 흔적이나 문명 시설을 발견할 수 없는 곳입니다. 하나님께서 그러한 곳으로 이스라엘 민족을 이끄신다는 것은 그들을 망하게 하신다는 뜻입니다. 이스라엘 민족은 크고 화려한 도시를 만들고 큰 문명도 발전시켰던 사람들입니다. 그런데 하나님께서는 그 모든 것을 없애버리고 광야처럼 만들어버리시겠다는 겁니다. 실제로 사마리아를 비롯한 여러 도시가 광야처럼 아무것도 없는 곳이 되고 맙니다.

그런데 광야는 사람이 살기 힘든 나쁜 곳만은 아닙니다. 이스라엘 민족이 애굽을 나와서 40년 동안 살던 곳이 바로 광야입니다. 하나님께서 광야에서 이스라엘 민족에게 만나와 메추라기를 주셨고, 바위에서 물이 나서 마시게 하였습니다. 이스라엘 민족은 광야에서 하나님의 은혜를 경험하였고, 특히 그들에게 먹을 것을 주시는 하나님만 바라보며 살았습니다.

하나님께서 이스라엘 민족을 광야로 데리고 가서 망하게 하신 것은 그들의 조상들이 광야에서 경험한 것을 경험하게 하려는 것이었습니다. 풍요로운 물질 문명이 없어도 살 수 있다는 것을 깨우치기 위함입니다.

사람과 사랑을 나누시는 하나님

하나님은 이스라엘 민족으로 하여금 당신을 남편으로 삼고 당신만 사랑하며 살게 하십니다. 호세아 2장 19-20절에는 하나님께서 이스라엘 민족의 남편이 되시고, 이스라엘 민족에게 장가들겠다는 말씀이 나옵니다. 하나님과 이스라엘 민족이 남편과 아내의 관계를 맺고 살게 될 것이라는 뜻입니다. 하나님은 호세아 선지자에게 음란한 여인 고멜과 결혼 생활을 하게 하셨습니다. 고멜이 다른 남자에게 가서 음란한 일을 저질러도 버리지 못하게 하셨습니다. 이러한 호세아와 고멜의 혼인 생활은 하나님과 이스라엘 민족의 관계를 드러냅니다. 이스라엘 민족은 물질적인 풍요로움을 추구하느라 하나님을 버리고 바알이라는 우상을 섬기며 음란하게 살았습니다. 하지만 하나님은 이스라엘 민족을 버리지 않으셨습니다. 이스라엘 민족을 사랑하신 하나님은 바알 신을 섬기던 이스라엘 민족을 버리지 않으시고 다시 당신의 아내로 맞이하십니다. 이것이 호세아 선지자가 자신의 결혼 생활을 통해서 전한 하나님의 뜻입니다.

호세아 2장은 기후변화로 위기에 처한 우리에게 살 길을 제시합니다. 그것은 바로 우리에게 장가드시는 하나님을 남편으로 맞아서 하나님과 사랑을 나누며 사는 것입니다. 물질적인 풍요로움을 목표로 삼고 살면 반드시 망하지만, 하나님을 우리의 배우자로 알고 하나님과 사랑을 나누고 살면 우리와 온 세상이 살게 될 것입니다.

이제 우리 신앙 생활의 목표를 점검해보아야 합니다. 부부 관계에서 서로 사랑하는 것보다 돈을 앞세우면 반드시 문제가 생깁니다. 싸움이 일어나고 부부 생활의 즐거움도 사라질 것입니다. 우리 신앙 생활도 마찬가지입니다. 돈이나 물질적인 풍요로움을 앞세우면 하나님과 우리의 관계도 망가지고 신앙 생활의 즐거움도 사라집니다. 반면에 부부가 서로 사랑하면 물질적인 어려움 속에서도 즐겁고 행복할 수 있으며, 결국 물질적인 어려움도 이겨냅니다. 그와 마찬가지로 우리가 하나님과 사

기후위기 앞에 선 그리스도인들에게

랑의 관계를 맺으면 모든 어려움을 이겨낼 수 있습니다.

하나님은 예수 그리스도를 통해 우리에게 모든 것을 내어주시는 사랑을 베풀어주셨습니다. 특별히 우리와 끊을 수 없는 사랑의 관계를 맺으셨습니다. 우리는 예수님이 맺어주신 이러한 특별한 관계를 소중히 여기며, 하나님의 신부로 살아야 합니다. 우리를 사랑하시는 하나님의 사랑을 충만히 받고, 하나님을 사랑하며, 사랑의 관계에서 나오는 신령한 즐거움을 누려야 합니다. 그렇게 살아갈 때 우리는 물질적인 풍요로움이 주는 즐거움을 하찮게 여기고 포기할 수 있습니다. 그리고 파괴된 창조세계를 아름답게 회복할 수 있습니다. 날마다 하나님과 즐겁게 사랑을 나누며 살아가시길 바랍니다. 🌿

하나님, 물질적인 풍요로움을 추구하느라 주님으로부터 멀어지고, 재물을 섬기며 사는 우리를 긍휼히 여겨주옵소서. 물질적인 풍요로움으로 모든 문제를 해결하려고 하다가 망해가는 우리를 긍휼히 여겨주옵소서. 하나님, 우리를 사랑하시는 주님과 사랑의 관계를 맺고 사랑을 나눌 때, 물질적인 풍요로움에서 얻을 수 없는 신령하고도 큰 기쁨을 얻사오니, 우리가 그 무엇보다 주님을 사랑하게 하소서. 그리하여 물질적인 풍요로움을 추구하다가 망하는 이 세상을 살리게 하옵소서.

1. 사랑보다 재물을 선택하는 현실에 대해 말해봅시다. 재물을 소중하게 여기다가 하나님으로부터 멀어지는 일에 대해 말해봅시다.

2. 하나님과 사랑의 관계를 맺고 사랑을 주고받는 삶에 대해 말해봅시다. 예배와 말씀 읽기, 기도와 사랑의 친교, 봉사와 선교 등 신앙 생활에서 누리는 즐거움에 대해 말해봅시다.

하나님의 영으로 만들어지는 새로운 세상

요엘 2:28-32

그 후에 내가 내 영을 만민에게 부어 주리니, 너희 자녀들이 장래 일
을 말할 것이며, 너희 늙은이는 꿈을 꾸며 너희 젊은이는 이상을 볼
것이며, 그 때에 내가 또 내 영을 남종과 여종에게 부어 줄 것이며
_ 욜 2:28-29

만민에게 당신의 영을 부어주시는 하나님

우리가 물질적으로는 풍요롭게 살지만, 그것이 곧 잘 사는 것은 아닙
니다. 지도자들뿐만 아니라 많은 사람이 도덕적으로나 영적으로 심각
하게 타락했습니다. 물질적으로나 육체적으로 쾌락을 얻는 것을 인생
의 목표로 삼고 사는 사람들이 너무 많습니다. 돈을 많이 모아서 좋은
물건 사서 소비하고, 좋은 데 여행하고, 즐겁고 편안한 데 가서 노는 것
만 생각하며 사는 사람들이 많습니다. 그러다보니 세상은 날로 파괴되
고 더러워져 사람이 살기 힘든 곳으로 변해갑니다. 기후재앙으로 인류
가 멸망할 수도 있는 위험한 상황을 맞았습니다.

요엘서는 큰 재앙이 닥쳤을 때, 그 재앙을 어떻게 이해하고 수습해야
하는지를 말해줍니다. 요엘 선지자는 극심한 자연재해가 일어나 나라
안에 먹을 것이 다 사라졌을 때 하나님의 부르심을 받아 그 엄청난 사
건을 통한 하나님의 뜻을 전했습니다. 요엘은 메뚜기가 습격한 사건이
'여호와의 날'이 다가왔음을 일깨우는 것이라고 하였습니다. 여호와의
날은 하나님이 임하시는 날이요, 하나님이 세상을 새롭게 하시는 날입

니다. 요엘은 이 날에 앞서 회개하라고 요청하였습니다. 특히 제사장을 비롯한 지도자들에게 먼저 회개하라고 외쳤습니다. 사람들은 이러한 요엘 선지자의 말을 따라 금식을 선포하고 회개하였습니다. 성전에 모인 사람들은 하나님의 용서를 구하고 메뚜기로 인해 황폐해진 땅을 회복시켜 달라고 기도하였습니다.

이러한 일이 있고 난 뒤에 하나님께서 선지자 요엘을 통해 희망의 말씀을 전하셨습니다. 요엘 2장 18-27절이 그에 대한 말씀입니다. 하나님께서는 성전에 모여 회개하고 기도하는 사람들의 음성을 들으시고 그들에게 은혜를 베풀어, 메뚜기 떼로 인해 황폐해진 땅을 회복시킨다고 약속하십니다. 메뚜기 떼의 습격 이후에 이스라엘 민족에게 더 놀랍고 큰 은혜를 베풀어주시겠다고 약속하셨습니다. 이러한 약속을 하신 후에 하나님께서 특별한 은혜를 내려주시겠다고 말씀하십니다. 당신의 영을 모든 사람에게 부어주시겠다는 것입니다(욜 2:28-29). '너희 자녀들, 너희 늙은이, 너희 젊은이, 남종과 여종에게' 당신의 영을 부어주시겠다고 약속하셨습니다. 이는 남녀노소 지위고하를 막론하고 모든 사람에게 당신의 영이 충만히 임하게 하시겠다는 뜻입니다.

하나님의 영에 사로잡힌 사람들의 특징은 꿈을 꾸고 이상을 보는 것입니다. 꿈과 이상은 현실 세계와는 다른 세계를 가리킵니다. 다시 말하면 새로운 세상입니다. 하나님의 영으로 충만한 사람은 새로운 세상을 꿈꾸며 삽니다. 그렇다면 만민이 하나님의 영을 받음으로 이루어지는 세상은 어떤 세상이겠습니까?

하나님의 영을 따라 살아감으로 이루어지는 세상

그 세상은 만민의 꿈이 이루어지는 세상입니다. 특권층만 꿈꾸고 그들의 꿈만 이루어지는 세상이 아니라, 남녀노소 빈부귀천 구분 없이 모든 사람이 꿈꾸고, 모든 사람의 꿈이 이루어지는 세상입니다.

그런데 그러한 세상은 만민이 하나님의 영을 따라 살아감으로 이루어집니다. 우리 시대 사람들의 삶의 방식은 육체를 따라 사는 것이라고 요약할 수 있습니다. 많은 사람이 육체가 요구하는 것을 충족시키기 위해 삽니다. 맛있고 좋은 것을 먹고 싶어 하는 식욕, 화려하고 멋있는 옷을 입고 싶어 하는 과시욕, 재미있고 흥미로운 것을 보고 싶어 하는 안목의 정욕, 온갖 쾌락을 추구하는 육체의 정욕, 이러한 욕심을 따라서 삽니다. 그러한 사람들의 눈에는 이 세상이 자기 욕심을 채워주는 수단으로 보입니다. 심지어 살아있는 식물이나 동물, 사람까지도 자기 욕심을 채워주는 도구에 불과합니다. 그런 사람은 이 세상이 하나님이 창조하신 아름다운 세상임을 알지 못하고, 이 세상에서 하나님의 거룩하고 위대한 손길을 느끼지 못합니다. 하나님이 창조하신 세계에서 하나님께 감사하지도 않고, 하나님을 찬양하지도 않습니다. 하나님이 선물로 주신 이 아름다운 세상을 잘 보전해야 한다는 사명도 깨닫지 못합니다. 세상에 있는 것들을 사용해서 자기 욕심을 조금이라도 더 채우려고만 할 뿐입니다. 이처럼 육체를 따라 살며 세상을 자기 욕심을 채우는 수단으로만 여기는 사람들이 많기에 이 세상은 날로 오염되고 파괴됩니다. 소수 부자나 권력자의 꿈만 이루어지고, 많은 사람이 기후재앙으로 고생합니다. 하나님은 이러한 세상을 끝내고 새로운 세상을 이루도록 우리에게 성령님을 보내시고 이끌어주십니다.

예수님의 은혜로 성령을 선물로 받은 우리는 성령의 인도하심 따라 물질적으로 풍요롭고 육체적으로 즐겁게 하는 세상이 아니라 새로운 세상을 꿈꾸어야 합니다. 하나님 나라는 물질적으로 풍요로운 세상이 아니라 영적으로 풍요로운 세상입니다. 하나님과 사람이 자유롭게 교제하고 신령한 즐거움을 누리는 세상입니다. 사람들이 재물이나 지위를 두고 다투는 세상이 아니라 서로 사랑하는 세상이요, 사랑의 즐거움을 누리는 세상입니다.

우리는 육체적으로 풍요롭게 살고자 하는 욕망을 버리고 성령 하나님의 인도하심 따라 영적으로 풍요로운 세상을 꿈꾸어야 합니다. 육체적이고 물질적인 욕망을 채우는 일을 중단하고, 삼위일체 하나님과 신령한 교제를 나누고 이웃과 사랑을 나눔으로 신령한 기쁨을 누려야 합니다. 그러한 삶으로 기후재앙이 엄습하는 이 세계에 희망의 빛을 비추어야 합니다.

하나님, 어리석은 인류가 육체적이고 물질적인 욕망을 충족시키는 일에 몰두하느라 자신과 하나님이 지으신 창조세계를 망칩니다. 이 시대에 일어나는 기후재앙을 보며 우리의 잘못을 깨닫게 하옵소서. 육체적이고 물질적인 욕망을 채우는 일에서 벗어나, 주님께서 우리와 온 세상을 살리시기 위해 보내신 성령 하나님의 인도하심을 따라 살게 하옵소서. 성령님의 인도하심 따라 새로운 세상, 모든 사람과 모든 피조물이 평화롭게 공존하는 세상을 꿈꾸고 이루어가게 하옵소서.

1. 부자 나라들이 배출한 온실가스 때문에 기후재앙을 겪고 있는 가난한 나라의 슬픔에 대해 말해봅시다. 육체를 따라 사는 사람들이 일으키는 비극을 말해봅시다.

2. 성령님을 따라 산다는 것은 어떻게 사는 것입니까? 많은 재물과 육체적인 쾌락을 추구하는 삶과 어떻게 대비됩니까?

부자들이 당하게 될 재난

아모스 6:1-8

> 화 있을진저! 시온에서 교만한 자와 사마리아 산에서 마음이 든든한
> 자 곧 백성들의 머리인 지도자들이여. 이스라엘 집이 그들을 따르는
> 도다. [......] 그러므로 그들이 이제는 사로잡히는 자 중에 앞서 사로잡
> 히리니, 기지개 켜는 자의 떠드는 소리가 그치리라 _ 암 6:1, 7

부자가 되는 것은 매우 위험한 일

2022년 이집트에서 열린 제27차 유엔기후변화협약당사자국총회 (COP 27)에서 여러 가난한 나라들이 부자 나라들을 상대로 손해를 배상하라고 요구하였습니다. 부자 나라가 일으킨 기후변화 때문에 나라 전체가 물에 잠길 위험에 빠진 나라들도 있고, GDP의 30-40%가 감소한 나라도 많습니다. 이런 나라들이 매년 부자 나라에게 손해를 배상하고, 대책을 마련하라고 촉구하고 있습니다.

어느 시대나 부자와 가난한 사람이 있습니다. 그러나 언제나 있었다고 해서 그것이 옳은 일은 아닙니다. 빈부의 격차가 생긴다는 것은 세상의 재산이나 지위가 한쪽으로 치중된다는 의미이며, 재산이나 지위를 차지한 사람은 그것을 이용하여 가난한 사람들의 몫까지 차지하여 더 많은 부를 누리게 될 확률이 더 커지는 일이기 때문입니다. 예수님은 부자가 하나님의 나라에 들어가는 것이 낙타가 바늘귀로 들어가는 것보다 어렵다고 하셨습니다. 예수님은 이 말씀으로 부에 대한 엄한 경고를 하셨습니다. 힘과 지위를 가지고 자기 욕심을 채우는 사람, 다른

누군가의 몫까지 자기의 것으로 챙기는 사람은 하나님의 나라에 합당하지 않습니다.

아모스 선지자 역시 부자에 대한 무서운 경고를 합니다. 북왕국 이스라엘의 전성기는 여로보암 2세가 다스리던 시대입니다. 이 시대에 북왕국 이스라엘은 가장 넓은 영토를 차지하고, 주변 나라와 무역을 하고, 점령한 나라들로부터 조공을 받아 부유하게 살았습니다. 그런데 나라가 부자라고 해서 온 국민이 부자는 아닙니다. 특히 악한 나라일수록 부자는 극소수에 불과합니다. 당시 북왕국 이스라엘이 그러했습니다. 왕족과 귀족 등 일부 사람들은 너무 잘 살았지만, 대부분의 백성들은 기초적인 생계조차 유지하기 어려웠습니다. 아모스 2장 6절을 보면, 사람조차 사고 팔리는데, 심지어 가난한 사람은 신발 한 켤레 값 때문에 노예가 되기도 하였습니다. 이와 대조적으로 아모스 6장 4-6절에는 당시 부자와 권력자들이 사는 모습이 나옵니다. 그들은 고급 침대에서 편안하게 잠을 잡니다. 다 큰 짐승의 고기는 질겨서 맛이 없기 때문에 어린 짐승을 잡아먹습니다. 그들은 향락에 빠져 살았습니다. 노래를 부르고, 포도주를 대접째 마시고, 귀한 기름을 몸에 바르고 살았습니다. 자기들은 배부르고 화려하고 즐겁게 살면서 나라나 다른 사람들의 환난에 대해서는 관심이 없습니다. 이러한 불의한 시대, 불의한 부자들을 향해 아모스 선지자는 하나님의 뜻을 따라 무서운 경고를 합니다.

아모스는 이러한 사람들에게 화가 있을 것이라고 선언합니다(암 6:1). 백성들의 지도자요 넉넉하고 부유하게 사는 사람들은 복 받은 사람이 아니고, 도리어 화를 당할 사람이라고 선언합니다. 나라가 망할 때에 부자들이 가장 먼저 망하고 가장 먼저 사로잡혀 가게 될 것이라고 예언합니다(암 6:8). 그 말씀대로 불과 20~30년 만에 북왕국 이스라엘은 망하고, 권력자들과 부자들은 가진 것을 다 빼앗기고 죽거나 사로잡혀 갔습니다.

오늘날 많은 이들이 돈을 많이 번 사람을 성공한 사람이라고 치켜세

웁니다. 하지만 성경은 부자가 되는 것이 도리어 화를 당하는 길이 될 수 있음을 분명히 말합니다. 우리는 부자가 되는 것을 경계하는 지혜를 가져야 합니다.

부자가 되지 말고 가난하게 살라

일반적으로 정의란 각 사람에게 합당한 몫이 주어지는 것을 의미합니다. 특히 경제적으로 볼 때 우리 각 사람은 자기에게 합당한 몫을 받아야 생존할 수 있고 인간답게 살 수 있습니다. 그런데 그 합당한 몫은 단지 각 사람의 능력에 따라 정해져서는 안 됩니다. 왜냐하면 사람의 능력은 천차만별이고, 어떤 사람은 아무런 능력이 없는 것처럼 보일 수 있기 때문입니다. 예를 들어 갓난아기에게는 사람들이 말하는 능력이라는 것이 없습니다. 그렇다고 그 갓난아기에게 아무것도 주지 않아도 되는 것은 아닙니다. 아기가 아무것도 하지 않아도 부모는 그 아기에게 먹을 것과 입을 것과 쉴 곳을 제공하고 정신적으로 육체적으로 잘 성장하도록 도와줍니다. 아무도 이것을 불의하다고 말하지 않습니다. 마찬가지로 이 땅에 태어난 모든 사람은 사람답게 살 수 있는 기본적인 것을 제공받을 권리가 있습니다.

한정된 생태계 재화를 고려할 때 부자들의 문제는 그들이 다른 사람들의 몫까지 가지고 있다는 것입니다. 지금 세계 인구의 10분의 1이 제대로 먹지 못하고 삽니다. 이것은 누군가는 그들의 몫까지 가지고 있다는 뜻입니다. 부유한 사람은 다른 사람들의 몫뿐만 아니라, 다른 동물과 식물들의 몫까지 빼앗아 가지고 있습니다. 하나님께서 식물과 동물을 창조하시고 그들이 이 땅에서 생육하고 번성하게 하셨기에, 이 땅에 사는 모든 생명체는 이 세상에 존재하고 번성할 권리가 있습니다. 그러나 사람들이 부자가 되려고 하면서 이 땅의 수많은 동물과 식물이 그 권리를 빼앗기고 결국 멸종해가고 있습니다.

우리는 부자가 되는 일을 두려워해야 합니다. 우리는 자신이 가난하

기후위기 앞에 선 그리스도인들에게

다고 생각하지 않아야 합니다. 자신을 부자라고 생각해야 합니다. 우리 때문에 다른 사람이 굶고, 다른 동·식물들이 죽을 수 있다고 생각해야 합니다. 이런 마음으로 더 가난하게 살려고 애써야 합니다. 재물을 모으기만 할 것이 아니라, 가난한 이웃을 위해서 나누어야 합니다. 멸종하는 동·식물과 더러워지고 파괴되는 환경을 살리는 일에 사용해야 합니다.

풍요롭게 사는 것은 결코 자랑스러운 일이 아닙니다. 오히려 부끄러운 일입니다. 우리가 누리는 풍요로움에는 가난한 사람들과 멸종되어 가는 동·식물들의 피와 눈물이 섞여 있습니다. 그런 재물을 계속 쌓아두기만 하는 것은 큰 화를 자초하는 일입니다. 우리가 지금보다 가난하게 살 때, 주님께서 창조하신 세계가 회복됩니다. 이 땅의 생명체들이 더 평화롭고 안전하게 살아갈 길이 열립니다. 가난한 삶으로 창조세계를 살리고, 하나님의 뜻을 이루어야 하겠습니다. 🌱

하나님, 부유하게 살고자 하는 우리의 욕망 때문에 이 세계가 망가지고 그 안에서 사는 사람들과 동·식물들이 고통을 겪습니다. 끝을 모르는 우리의 욕심 때문에 온 인류가 멸종 위기에 처했습니다. 부유해지려고만 하는 어리석은 욕심에서 벗어나게 하옵소서. 온 창조세계를 돌보시는 아버지 하나님의 마음을 품고 가난하고 소박하게 살게 하옵소서. 다른 사람들과 다른 동·식물에게 해를 끼치지 않는 가난한 생활을 하게 하옵소서.

1. 소비하고 즐길 것이 많은 세상에서 살다보니 많은 사람이 맹목적으로 부자가 되려고 합니다. 기후위기 시대에 부자로 산다는 것이 얼마나 위험한 일인지 반성해봅시다.

2. 가난하게 사는 방법에 대해 말해봅시다. 다른 피조물을 살리기 위해 에너지와 물건을 적게 소비하는 생활 방식에 대해 토의합시다.

생명을 사랑하시는 하나님

요나 4:1-11

여호와께서 이르시되 네가 수고도 아니하였고, 재배도 아니하였고, 하룻밤에 났다가 하룻밤에 말라 버린 이 박넝쿨을 아꼈거든, 하물며 이 큰 성읍 니느웨에는 좌우를 분변하지 못하는 자가 십이만여 명이요, 가축도 많이 있나니, 내가 어찌 아까지 아니하겠느냐 하시니라

_ 욘 4:1-11

사랑하는 사람과 미워하는 사람의 대결

1980년대에 나온 영화 〈미션〉은 남아메리카의 한 원주민 부족을 둘러싸고, 원주민을 없애려고 하는 제국의 지배자들과 그들을 보호하려고 하는 사람들의 갈등을 묘사합니다. 영화 마지막 부분에서 제국의 군대가 원주민들을 죽이려고 원주민이 사는 마을을 공격합니다. 그때 원주민을 보호하기 위해서 애쓰던 두 사람의 의견이 달랐습니다. 그 중한 사람인 멘도자는 마을을 공격하는 군대에 맞서 싸워야 한다고 하였습니다. 그는 무기를 준비하고 원주민들을 무장시키고 식민지 지배자들의 군대와 싸우려고 하였습니다. 그는 가브리엘 신부에게 자신과 무장한 원주민들을 축복해달라고 하였습니다. 그런데 가브리엘 신부는 축복해주는 것을 거부하면서 무장하거나 다른 사람을 죽이는 일을 하지 말아야 한다고 했습니다. 그는 사랑이 없는 세상에서는 살고 싶지 않다고 말했습니다. 결국 군대에 맞서 싸우던 멘도자도 죽고, 무력 대응을 반대했던 가브리엘도 죽었습니다. 영화는 비극으로 끝났지만, 끝

까지 원주민을 보호하려고 애썼던 사람들의 모습과 자신을 죽이러 오는 군대까지도 사랑했던 가브리엘 신부 덕분에 슬프지만은 않았습니다. 미워하고 죽이려고 하는 사람들만 있는 세상은 절망적인 세상입니다. 어느 공동체든 그 공동체 안에 적은 수라도 용서하고 사랑하는 사람이 있어야만 사람이 살만한 공동체가 됩니다.

요나서는 용서하고 살리려고 하시는 하나님과 미워하고 죽이려고 하는 요나 선지자가 싸우는 이야기입니다. 하나님은 요나에게 앗수르의 수도 니느웨로 가서 당신의 말씀을 전하라고 하였지만, 요나는 니느웨로 가지 않고 정반대 편에 있는 다시스로 가는 배를 탔습니다. 요나는 자기 민족을 멸망시킨 악한 니느웨는 심판을 받아 망하는 것이 마땅하다고 생각하였습니다. 경고할 것도 없이 당장 망하게 해야 한다고 생각한 것입니다. 그런데 하나님께서 요나를 가만 두시지 않았습니다. 다시스로 가는 배가 풍랑을 만나게 하시고, 요나를 니느웨로 보내셨습니다. 억지로 니느웨에 간 요나는 성의 없이 하나님의 말씀을 전했습니다. 그런데 니느웨에 놀라운 일이 일어났습니다. 요나의 말을 들은 니느웨 사람들이 회개했습니다. 사람들뿐만 아니라 가축들까지도 금식하며 용서를 빌었습니다. 하나님은 그러한 모습을 보시고, 니느웨에 벌을 내리시려고 한 계획을 철회하셨습니다. 그러자 요나가 매우 싫어하고 화를 냈습니다(욘 4:1). 요나는 하나님께 화를 내며, 차라리 자기를 죽여 달라고 하였습니다(욘 4:3). 하나님은 요나에게 '네가 화내는 것이 옳으냐?'고 질문하며 요나를 깨우치십니다. 하나님은 요나가 머물고 있던 초막 근처에서 박넝쿨이 자라게 하시고, 그 박넝쿨의 잎으로 요나가 머물던 초막을 덮게 하셨습니다. 요나는 그 박넝쿨 밑에서 시원하게 쉬며 크게 기뻐하였습니다. 그런데 하나님께서 곧 그 박넝쿨을 시들게 하셨습니다. 박넝쿨이 사라지자 요나는 뜨거운 햇빛과 바람 때문에 고생합니다. 요나는 하나님께 차라리 죽여 달라고 호소하며, 박넝쿨을 없애신 하나님께 화를 냈습니다. 하나님은 요나가 박넝쿨을 아끼는 것처럼, 십이 만 명이나 되는 니느웨의 어린이들, 그들과 함께 사는 가축을 아끼신다고 하였습니다. 요나는 니느웨 사람들을 원수로 여기고 그들이 다 죽어야 한다고 생각했지만, 하나님에게는 소중하고 사랑스러운 존재였습니다. 하나님은 요나에게 모든 생명체를 사랑하시는 당신의 마음을 알아달라고 부탁하였습니다.

모든 생명을 사랑하시는 하나님의 마음 품기

요나의 마지막 구절은 하나님께서 요나에게 하신 질문 "내가 어찌 아끼지 아니하겠느냐?"(욘 4:11하)입니다. 이 질문의 대답은 이 성경을 읽는 우리가 해야 합니다. 하나님의 사랑을 받는 수많은 사람과 동·식물이 환경오염과 기후변화 때문에 죽는 시대를 사는 우리가 이 질문에 대답해야 합니다.

우리에게는 못된 버릇이 있습니다. 자기 이익을 기준으로 좋고 나쁨, 선과 악을 구분하는 것입니다. 나를 이롭게 하는 것은 좋은 것이고, 나를 해롭게 하는 것은 나쁜 것이라고 여깁니다. 이런 태도 때문에 다른 피조물이 죽습니다. 지구에서 사람을 제외한 대부분의 생물종은 감소하거나 사라집니다.

'생물종 다양성'이라는 말이 있습니다. 이는 일정한 생태계 구역 내에 얼마나 다양한 생물이 사는지, 그 다양함의 정도를 측정할 때 사용하는 단어입니다. 생물종 다양성이 높을수록 좋은 세상입니다. 지구상에 다양한 동·식물이 함께 살아야 생태계가 건강하게 유지되고 사람과 다양한 생명체들이 살아갈 수 있기 때문입니다. 다른 생명체 없이 사람만 존재할 수는 없습니다. 그렇기에 우리가 진정으로 잘 살기 위해서는 다른 생명체 역시 잘 살아갈 수 있어야 합니다. 이런 원리는 인간 사회에서도 적용됩니다. 자기 이익을 기준으로 사람을 구분하고, 자기에게 도움이 안 되는 사람을 미워하고 없애려 한다면, 자기 자신 외에는 남을 사람이 없게 됩니다. 세상에 자기 마음에 쏙 드는 사람은 없기 때문입

기후위기 앞에 선 그리스도인들에게

니다. 만약 세상에 자기 혼자 남으면, 혼자서 무슨 수로 세상을 살 수 있겠습니까? 우리 자신이 생존하기 위해서라도 다른 사람들이 필요합니다. 우리는 생명의 그물망 안에서 상호 의존적인 존재들입니다.

하나님은 이 땅에 존재하는 모든 생명체를 사랑하십니다. 하나님을 믿고 사랑하는 우리는 살아있는 모든 것을 하나님을 대하듯 소중하게 여기고 사랑해야 합니다. 살아있는 것을 자기 기준으로 함부로 판단하지 말고 너그러이 품고 사랑해야 합니다. 그것이 우리 자신을 지키고 나아가 이 세상을 보전하는 길이요 하나님의 뜻을 이루는 길입니다. 🌿

하나님, 이기심에 사로잡힌 인류가 닥치는 대로 주님이 창조하신 세계를 훼손하고 그 속에서 살아가는 동·식물을 죽입니다. 이로 인해 이 세계와 우리 인류가 종말을 향해 갑니다. 이 땅의 모든 생명체를 사랑하시고 돌보시는 자비로우신 하나님, 주님의 마음을 품고 모든 생명체를 소중히 여기고 사랑하게 하옵소서. 원수도 사랑하라는 예수님의 말씀을 따라 모든 사람을 형제자매로 여기고 사랑하게 하옵소서. 그리하여 모든 생명체가 조화롭게 공존하는 아름다운 세상을 이루게 하옵소서.

1. 여러 생물종이 멸종하는 현실에 대해 말해봅시다. 인간 중심주의가 생태계에 끼치는 영향에 대해 토의해봅시다.

2. 이 세상의 모든 사람과 동·식물이 하나님의 사랑을 받는 존재입니다. 우리는 하나님의 마음을 품고 다른 피조물을 대하고 있습니까?

하나님과 함께 행하는 것

미가 6:6-8

사람아 주께서 선한 것이 무엇임을 네게 보이셨나니, 여호와께서
네게 구하시는 것은 오직 정의를 행하며, 인자를 사랑하며, 겸손하게
네 하나님과 함께 행하는 것이 아니냐? _미 6:8

바른 예배

어떤 목사들은 예배당을 짓는 데 기여하면 복을 많이 받는다고 설교합니다. 예배당을 크고 화려하게 지으면 하나님께서 영광을 받으시고, 하나님께서 그 예배당을 지은 사람들에게 복을 주신다고 합니다. 그런 설교는 결코 성경적이라고 말하기 어렵습니다. 하나님은 크고 화려한 예배당에만 계시지 않고, 작고 누추한 예배당에도 계시고, 예배당이 없는 곳에도 계시기 때문입니다. 예배당이 있어야 예배를 드릴 수 있는 것도 아닙니다. 하나님은 예배당의 크기와 관계없이 우리와 함께 하시고 우리에게 복을 주십니다. 크고 화려한 예배당을 짓는 것이 은행이나 건축업자에게만 도움이 되고 성도들, 특히 선교와 봉사에는 도움이 되지 않는 경우도 많습니다. 화려하고 큰 예배당을 짓는 것이나, 교회의 외형을 확장하는 것에만 관심을 두면 그 예배당은 오히려 선교에 걸림돌이 됩니다.

미가 선지자는 남왕국 유다에서 이사야 선지자와 함께 활동했습니다. 그는 주로 부자와 권력자들을 책망하였습니다. 미가 6장도 부자와

권력자들을 책망하는 중에 선포한 말씀입니다. 미가 선지자는 바른 예배를 드려야 한다고 강조합니다. 미가 6장 6-8절은 바른 예배에 대한 말씀입니다. 하나님께 예배드리러 나오는 사람들이 하나님께 드릴 제물 때문에 고민하며 말합니다. "내가 무엇을 가지고 여호와 앞에 나아가며 높으신 하나님께 경배할까? 내가 번제물로 일 년 된 송아지를 가지고 그 앞에 나아갈까? 여호와께서 천천의 숫양이나 만만의 강물 같은 기름을 기뻐하실까? 내 허물을 위하여 내 맏아들을, 내 영혼의 죄로 말미암아 내 몸의 열매를 드릴까?"(미 6:6-7) 일 년 된 송아지는 당시 부자들이 주로 먹던 것입니다. 당시 부자들은 생후 1년 된 송아지가 가장 맛있다고 생각했습니다. 그렇게 생각하는 사람들은 하나님도 1년 된 송아지를 좋아하신다고 생각했습니다. 어떤 사람은 엄청나게 많은 숫양과 기름을 드리면 하나님이 좋아하신다고 생각했습니다. 좋은 제물이나 많은 제물을 바치면 하나님이 좋아하신다고 생각하는 것은 일종의 물량주의입니다. 크고 화려한 예배당에서 많은 사람이 모여서 예배드리면 하나님이 크게 좋아하시고, 작고 초라한 예배당에서 적은 인원이 예배를 드리면 하나님이 덜 좋아하신다고 생각하는 것 역시 물량주의에 빠진 사고방식입니다.

현대인들은 크고 많은 물건을 좋아합니다. 크고 많은 물건을 가진 사람을 부자요 성공한 사람으로 여깁니다. 그러다 보니 너도나도 크고 많은 물건을 소유하려고 합니다. 심지어 하나님도 그러한 분이라고 생각합니다. 하나님도 크고 많은 것을 소유한 부자라고 생각합니다. 그런 생각을 하는 사람은 사실상 우상을 숭배하는 것이나 마찬가지입니다.

어떤 사람은 자기가 가장 소중히 여기는 자신의 자녀(맏아들, 몸의 열매)까지 바칠 마음이 있습니다. 그런데 하나님께서 원하시는 것은 그런 제물이 아닙니다. 하나님께서 원하시는 것은 예배드리는 사람 자신입니다.

제물이 아니라 예배자 자신을 바치기를 바라시는 하나님

"사람아, 주께서 선한 것이 무엇임을 네게 보이셨나니, 여호와께서 네게 구하시는 것은 오직 정의를 행하며, 인자를 사랑하며, 겸손하게 네 하나님과 함께 행하는 것이 아니냐?"(미 6:8) 하나님이 원하시는 것은 정의를 행하는 것과 인자를 사랑하는 것입니다. 인자는 히브리어로 은혜, 자비로 번역되기도 하는 '헤세드'입니다. 헤세드는 변치 않는 사랑, 당신의 백성을 향한 하나님의 신실한 사랑을 가리킵니다. 인자를 사랑한다는 것은 사랑하는 일을 좋아한다는 뜻입니다. 하나님과 함께 행한다는 것은 하나님과 함께 걸어가는 것입니다. 하나님과 동행하는 것입니다.

하나님은 제물이 아니라 '정의를 행하고 인자를 사랑하고 하나님과 동행하는 사람'을 원하십니다. 하나님은 예배드리러 나오는 사람에게 어떤 제물을 요구하지 않으시고, 예배드리러 나오는 그 사람 자체를 원하십니다. 그러므로 하나님 앞에 온전한 예배를 드리려면 예배당에 나오기 전에 정의를 행하고 사랑하고 하나님과 동행해야 합니다. 그것 자체가 예배입니다.

오늘날 그리스도인 중에는 크고 화려한 예배당에서 예배를 드려야 한다고 생각하는 사람이 많습니다. 상가 건물에 있는 예배당을 찾는 사람이 적습니다. 크고 화려하고 안락한 시설을 갖춘 예배당을 찾는 사람은 많습니다. 크고 화려한 예배당이 있는 교회나 그 교회의 목회자는 성공했다고 평가하고, 그렇지 않은 교회나 목회자는 실패했다고 평가하기도 합니다. 소위 대형교회의 목회자들이 자기들이 마치 한국교회 전체를 대표하는 양 으스대며 행동합니다. 이런 현상은 한국교회가 타락했다는 것을 보여줍니다.

오늘날 이 세상 전체가 소위 물량주의에 빠져 있습니다. 세계 모든 나라가 크고 좋고 많은 물건을 만들어 파는 일에 혈안이 되어 있습니다. 많은 이가 자기 자신은 돌보지 않고, 물량주의에 사로잡혀 크고 많

기후위기 앞에 선 그리스도인들에게

은 것을 얻으려고 애쓰고 그것을 자랑하며 살아갑니다. 그로 인해 사람의 내면이 피폐해지고, 하나님의 창조세계는 더러워지고 파괴됩니다. 물량주의를 앞세우면 이처럼 세상도 망하고 사람도 망합니다. 교회는 이런 물량주의를 막아내야 합니다.

우리가 부자가 되거나 많은 것을 하나님께 바쳐야 하나님이 좋아한다고 생각하지 않아야 합니다. 하나님이 가장 원하시는 것은 우리 자신입니다. 하나님의 말씀에 순종하고 하나님과 동행하며 우리가 거룩한 존재가 되는 것이 하나님이 가장 기뻐하시는 예배입니다.

물건이나 재산을 많이 모으고 그것을 자랑하는 사람은 세상을 망하게 만듭니다. 반면 하나님과 동행하며 하나님을 기쁘시게 하는 사람은 이 세상을 살립니다. 물질적으로 부유해지고자 하는 어리석은 욕심을 버리고, 오직 하나님께 순종하고 하나님과 동행함으로 물량주의로 인해 절망 속으로 빠져가는 이 세상에 희망을 주는 사람이 되십시오.

하나님, 물량주의에 사로잡혀 더 크고 많은 것을 생산하고 소유하려는 우리의 탐욕을 불쌍히 여겨 주옵소서. 하나님, 크고 좋은 물건으로 우리 자신을 치장하려고 애쓰지 않게 하옵소서. 우리 내면을 깊이 살피고, 아름답게 만들어가게 하옵소서. 정의와 사랑을 실천하고, 주님과 동행함으로, 주님을 닮은 거룩한 존재가 되게 하옵소서.

1. 그리스도인 중에도 좋고 크고 많은 것을 얻으려고 하고, 그러한 것을 얻어야 성공했다고 생각하는 사람들이 많습니다. 우리는 그러한 사람이 아닌가 반성해봅시다.

2. 우리 자신, 우리 삶 자체가 하나님께 바치는 제물이 되어야 합니다. 정의를 행하고 인자를 사랑하고 겸손히 하나님과 동행하는 삶의 모습에 대해 생각해 봅시다.

하나님으로 말미암아 즐거워하기

하박국 3:16-19

> 비록 무화과나무가 무성하지 못하며, 포도나무에 열매가 없으며,
> 감람나무에 소출이 없으며, 밭에 먹을 것이 없으며, 우리에 양이 없으
> 며, 외양간에 소가 없을지라도, 나는 여호와로 말미암아 즐거워하며,
> 나의 구원의 하나님으로 말미암아 기뻐하리로다 _ 합 3:17-18

점점 심각해지는 기후재앙에 대비하기

점점 심각해지는 기후재앙 때문에 전기를 많이 사용하거나 이산화
탄소를 많이 배출하며 즐기던 것들을 그만두어야 할 때가 왔습니다. 온
실가스 배출을 대폭 줄여야 하기 때문에 정책적 차원에서 에너지 사용
을 통제하거나, 에너지 가격을 올릴 수도 있습니다. 산업 전반에도 큰
변화가 올 것이고, 에너지 사용을 마음대로 하지 못하는 시대가 될 수
도 있습니다. 이것 때문에 사람들의 불평과 불만이 커지고 사회가 불안
해질 수 있습니다. 그리스도인들은 그러한 시대가 오기 전에 지금부터
자발적으로 불편하게 사는 것을 연습해야 합니다. 에너지와 물건을 적
게 소비하며 사는 훈련을 해야 합니다.

하박국서는 불평 거리가 가득한 세상에서 하나님으로 말미암아 즐
거워하는 이야기로, 선지자 하박국이 하나님께 드린 기도와 그에 대한
하나님의 응답의 형식으로 기록되어 있습니다. 선지자 하박국은 당시
남왕국 유다의 불의한 현실을 하나님께 고발하면서 하나님은 왜 그러
한 현실을 방치하시느냐고 따집니다(합 1:2-4). 이에 대해 하나님은 하박

국에게 바베론을 강하게 하셔서 그 나라로 하여금 불의한 남왕국 유다를 멸망시킬 것이라고 말씀하십니다(합 1:5-11). 하박국은 남왕국 유다보다 불의한 바벨론에게는 남왕국 유다나 다른 나라를 심판할 자격이 없다고 불평하며 항의합니다. 그러자 하나님은 불의한 바벨론도 끝까지 심판자가 되지는 못하고, 결국은 망할 것이라고 선언하셨습니다.

그런데 하나님께서 이 모든 것보다 강조하신 것이 있습니다. 하나님은 하박국에게 의인은 믿음으로 살아야 한다고 하십니다(합 2:4). 하나님은 하박국에게 당신을 믿고 당신에게 맡기라고 하십니다. 하나님께 대한 믿음으로, 남왕국 유다가 바벨론에게 망하는 현실을 인정하고 받아들이라는 뜻입니다. 나라가 망하는 것을 받아들이는 것은 쉽지 않습니다. 하지만 망하게 하시는 분이 하나님이라는 것을 인정하면 받아들일 수 있습니다. 하박국은 하나님을 믿고 나라가 망하는 현실을 받아들이기로 하였습니다.

하박국 3장은 하박국이 자기의 기도에 응답해 주신 하나님을 찬양하는 내용입니다. 3장 전반부에서 하박국은 하나님께서 바벨론을 사용하여 진행하실 무서운 심판을 말합니다. 그것 때문에 하박국은 창자가 흔들리고, 입술이 떨리고, 곧 다가올 환난 때문에 큰 고통을 느낍니다(3:16). 유다가 곧 망할 것을 생각하니 두렵고 떨리고 고통스러웠습니다. 그런데 하박국은 하나님의 무서운 심판을 받아들이며 17-19절 말씀으로 하나님을 찬양합니다. "비록 무화과나무가 무성하지 못하며, 포도나무에 열매가 없으며, 감람나무에 소출이 없으며, 밭에 먹을 것이 없으며, 우리에 양이 없으며, 외양간에 소가 없을지라도"(합 3:17) 조금 있으면 바벨론 군대가 남왕국 유다를 공격하여 온 나라가 황폐하게 되고, 무화과나무, 포도나무, 감람나무의 열매를 바벨론 군대가 다 가져갈 것입니다. 양과 소 같은 가축도 다 빼앗아 갈 것입니다. 그런데 하박국은 그러한 현실을 받아들이고 하나님을 찬양합니다. "나는 여호와로 말미암아 즐거워하며, 나의 구원의 하나님으로 말미암아 기뻐하리로다"(합 3:18). 비록 바벨론에게 나라가 망하지만, 그 이후에 하나님이 하실 일을 내다보며, 하나님 때문에 즐거워하고 하나님이 구원하시는 날을 바라보며 기뻐합니다. 그가 하나님을 믿었기에 이러한 찬양이 가능했습니다.

기후재앙 시대에 새로운 세상을 내다보기

인류는 그동안 더 잘 살겠다는 미명하에 이산화탄소를 비롯한 온실가스를 너무 많이 배출하고, 자연환경을 심하게 더럽히고 파괴하였습니다. 그 결과 우리 지구는 지금 기후위기 시대를 맞이하였습니다. 한쪽에서는 홍수가, 한쪽에서는 가뭄과 산불이 일어납니다. 극지방과 높은 산에 있는 눈과 얼음이 녹아내려서 해수면이 점점 높아지고, 그에 따라 섬나라와 해변에 있는 도시들이 물에 잠깁니다.

그런데 지금 겪고 있는 기후재앙은 시작에 불과합니다. 왜냐하면 기후위기 시대에도 인류는 이전과 같이 온실가스를 배출하며 살고 있기 때문입니다. 이전과 똑같이 살면서 기후재앙이 일어나지 않기를 바라는 것은 허망한 욕심에 불과합니다. 이제 곧 무화과나무가 무성하지 못하고, 포도나무와 감람나무의 열매가 사라지고, 농산물도 축산물도 사라지고, 공장에서 물건을 만드는 일도 중단되고 말 것입니다. 그리스도인들은 이러한 현실을 받아들일 준비를 해야 합니다. 기후재앙이 하나님의 뜻이라는 것을 인정하고 그러한 일을 하시는 하나님의 뜻을 분별해야 합니다.

우리는 논과 밭에서 더 많은 열매가 맺히고, 공장에서 더 많은 물건이 생산되기를 바라지 않아야 합니다. 그렇게 살면 인류와 지구상의 온갖 생명체가 공멸할 수 있기 때문입니다. 하나님께서는 그것을 막기 위해 지금 우리에게 끊임없이 경고하고 계십니다. 이 경고와 위기를 통해 하나님은 결국 탄소 배출에 기반을 둔 물질 문명을 무너뜨리고, 새로운 세상을 만드실 것입니다. 많은 물건을 생산하고 쌓아놓고 소비하는 삶이 아니라도, 수많은 소유와 소비가 없어도, 하나님 한 분으로 즐거워할 수 있는 세상을 만들 것입니다.

안타깝게도 우리와 우리 후손에게 미칠 기후재앙이 점점 심각해집니다. 하지만 그 가운데서도 우리는 하나님께서 이 위기의 시대를 넘어, 장차 하실 새로운 일을 기대하며 하나님을 찬양해야 합니다. 또한 그러한 미래를 내다보며 지금부터 절제와 자기비움의 훈련을 통해 하나님으로 말미암아 충분히 즐거운 삶을 지금, 현실에서 선취해야 합니다. 여러 가지 물건이 풍족한 세상이 아니라도, 비록 가난해도, 하나님으로 말미암아 즐겁게 사는 세상을 지금 여기서 살아갑시다. 🌿

하나님, 주님을 믿고 주님께서 기후재앙을 통해 하실 일을 받아들이게 하옵소서. 탄소 기반 사회를 무너뜨리고 새로운 세상을 만드시는 주님을 신뢰하게 하옵소서. 물질적으로 풍요롭게만 살려고 하는 세상을 망하게 하시는 하나님, 주님을 믿는 우리가 물질적인 풍요로움으로 말미암아 즐거워하지 않고, 오직 주님으로만 즐거워하며 살게 하옵소서.

1. 남왕국 유다가 망한 것처럼 하나님의 뜻을 저버리고 탐욕에 사로잡혀 창조세계를 더럽히고 파괴하는 이 세상도 망할 수밖에 없습니다. 그것이 하나님의 뜻이라면, 우리는 이것을 어떻게 받아들일 수 있습니까? 우리는 어떤 준비를 해야하겠습니까?

2. 하나님께서 무너뜨릴 세상에 집착하지 않고, 하나님께서 이루실 새로운 세상을 바라봅시다. 하나님으로 말미암아 기뻐하며 사는 것에 대해 말해봅시다.

사람을 사랑하시고 기뻐하시는 하나님

스바냐 3:14-20

너의 하나님 여호와가 너의 가운데에 계시니, 그는 구원을 베푸실 전
능자이시라. 그가 너로 말미암아 기쁨을 이기지 못하시며, 너를 잠잠
히 사랑하시며, 너로 말미암아 즐거이 부르며 기뻐하시리라
_ 습 3:17

돈이나 재물보다 소중한 사람

사람은 참으로 소중한 존재입니다. 사랑하는 가족, 사랑하는 이웃,
사랑하는 친구, 우리 인생에서 무엇과도 바꿀 수 없는 소중한 존재입니
다. 그런데 현실에서는 돈이나 명예, 권력이나 성공 때문에 그토록 소
중한 사람을 배신하고 미워하는 사람들이 있습니다. 얻고자 하는 목적
을 앞세우고 사람을 뒤로 하는 일이 많습니다.

사람보다 돈이 더 중요해지다 보니, 우리가 사는 세상이 점점 강퍅
해집니다. 서로의 형편과 처지를 살피기보다는 목적을 위한 이용 가치
로 사람을 평가합니다. 사람만 그런 것이 아닙니다. 여러 생명이 깃들
어 사는 이 지구의 자연 역시 돈과 목적을 위해 착취되고 있습니다. 지
금의 기후위기는 돈과 탐욕을 좇느라 사람과 자연의 생명들을 소중하
게 대하지 않은 우리가 낳은 재앙이라고 할 수 있습니다. 여러 형태로
일어나는 기후재앙을 보며 우리는 돈보다는 사람을, 이용가치보다는
생명 그 자체를 더 소중히 여기는 삶을 살기를 바라시는 하나님의 뜻을
발견할 수 있어야 합니다.

스바냐 선지자는 유다 왕 요시야 시대에 하나님의 말씀을 받아서 백성들에게 전하였습니다(습 1:1). 하나님은 요시야 왕을 통해 죄에 물들어 더러워지는 남왕국 유다를 깨끗하게 하셨습니다. 요시야는 온갖 우상숭배 시설을 다 없애고 백성들이 하나님께 바른 예배를 드리도록 하였습니다. 그런데 하나님께서는 그것으로 만족하지 않으시고, 철저하게 심판하여 죄로 물든 남왕국 유다 전체를 망하게 하십니다. 스바냐 선지자는 하나님이 심판을 통해 죄로 더러워진 나라를 철저하게 심판하고 깨끗하게 하신다는 말씀을 전했습니다(습 1:1-3:8).

그러나 다행히 남왕국 유다가 심판을 받아 망하는 것으로 끝나지 않습니다. 스바냐는 백성들에게 하나님이 이루실 새로운 세상에 대해 말합니다(습 3:9-20). 하나님은 이스라엘 민족뿐만 아니라 이방인들까지 다 깨끗하게 하셔서 모든 사람이 즐거운 마음으로 성전에 나와 예배를 드리게 될 것이라고 하셨습니다(습 3:9-13). 그리고 새로워진 이스라엘 민족에게 기뻐하고 즐거워하라고 하십니다. 유다의 모든 죄가 용서받았기에 다시는 형벌을 받을 일이 없고 다시 화를 당할 일도 없으니, 하나님을 두려워하지 않고 하나님 앞에서 기뻐하고 즐거워하라고 합니다(습 3:14-15). 하나님께서 남왕국 유다를 심판하여 망하게 하셨지만, 그를 통해 당신의 백성들을 깨끗하게 하고 당신에게 가까이 오게 하시고 당신과 사귀며 사는 은총을 베풀어주실 것을 예언하는 것입니다.

중요한 것은 이러한 회복으로 인해 사람들만 기뻐하고 즐거워하는 것이 아니라는 사실입니다. 하나님도 역시 기뻐하십니다. "너의 하나님 여호와가 너의 가운데에 계시니, 그는 구원을 베푸실 전능자이시라. 그가 너로 말미암아 기쁨을 이기지 못하시며, 너를 잠잠히 사랑하시며, 너로 말미암아 즐거이 부르며 기뻐하시리라"(습 3:17). 하나님이 당신의 백성들과 함께 사시며 당신의 백성으로 말미암아 기쁨을 이기지 못하십니다. 당신의 백성을 볼 때마다 기뻐서 어쩔 줄 몰라 하십니다. 당신의 백성을 사랑하시고, 당신의 백성들 때문에 기쁘게 노래를 부르십니다.

죄에서 벗어나 깨끗해진 하나님의 백성들이 하나님으로 말미암아 기뻐하고 즐거워하고, 하나님 역시 당신의 백성들로 말미암아 기뻐하고 즐거워하십니다. 이것이 하나님께서 이루실 세상의 마지막 모습입니다.

남왕국 유다 사람들은 나라가 망하고 빈털터리가 된 이후에 재물이나 돈보다 하나님이 더 소중하다는 것을 알았습니다. 그리고 회개하고 하나님께 돌아와 하나님께 예배하며 하나님과 사귀며 삽니다. 바벨론에서 돌아온 유대인들은 나라가 망하기 전보다 가난하게 살았지만, 하나님과 사귀고 하나님께 예배하는 즐거움을 누리며 살았습니다.

하나님의 사랑의 대상인 사람

하나님이 제일 사랑하시고 좋아하는 것은 무엇일까요? 사람입니다. 하나님은 사람과 즐겁고 기쁜 교제를 나누길 원하십니다. 문제는 하나님은 사람을 좋아하고 사랑하시는데, 사람은 하나님보다 돈을 더 좋아한다는 사실입니다.

경제가 꼭 성장해야 좋은 것은 아닙니다. 오히려 지금은 경제가 너무 많이 성장해서 지구가 감당하기 어려울 정도입니다. 문제는 우리가 지나치게 부유해짐으로써 하나님으로부터 멀어졌다는 사실입니다. 우리는 하나님께서 당신과 사람들의 관계를 회복시키기 위해 이 세상을 심판하시는 분임을 기억해야 합니다. 그러므로 이런 부유한 상태는 지속되어서는 안 됩니다. 하나님께서는 당신과 사람들 사이를 가로막는 우상, 즉 재물과 돈을 두고 보지 않으실 것입니다. 우리는 지금의 기후위기를 통해 우리에게 경고하시는 하나님의 뜻을 성찰하고, 우리가 버리고 비워야 할 것들이 무엇인지 생각해야 합니다. 생태계 재앙을 막기 위해 우리가 소유를 줄이고 조금 더 불편하게, 조금 더 가난하게 사는 것은 당장은 무언가를 빼앗기는 일 같아 보이더라도, 결국은 우리가 하나님보다 더 소중하게 여겼던 것들을 버리고 하나님과 더 가까워지는 기회가 될 것입니다.

하나님은 사람을 사랑하시고 우리 자체로 기뻐하십니다. 우리가 가진 재물이나 다른 어떤 소유물 때문에 하나님과 우리의 사랑, 하나님과 우리의 관계가 망가지지 않아야 합니다. 우리를 사랑하고 기뻐하시는 하나님처럼, 우리도 하나님을 사랑하고 하나님을 기뻐하며 살아야 합니다. 하나님께서 사랑하고 좋아하시는 우리 자신을 거룩하게 잘 보전함으로 하나님과 즐거운 교제를 나누며 살아가십시오. 🕊

하나님, 우리가 물질적인 욕망에 사로잡혀 재물을 하나님처럼 떠받들며 살다가 자신을 더럽히고 세상을 망치고 하나님으로부터 멀어졌습니다. 죄로 물든 세상과 사람을 심판하시고 깨끗하게 하시는 하나님, 우리가 물질적으로 풍요롭게만 살려는 어리석음을 버리고, 예수님을 믿고 살아가게 하옵소서. 예수님의 은총을 받아 우리의 모든 더러움을 씻고, 깨끗하고 거룩한 모습으로 주님 앞에 서게 하옵소서. 우리를 사랑하시고 우리를 보고 기뻐하시는 주님을 우리도 사랑하며 주님과 거룩하고 기쁜 교제를 나누며 살게 하옵소서.

1. 하나님은 사람을 바라보며 기뻐하며 노래를 부르십니다. 하나님이 우리를 사랑하시는만큼 우리는 하나님을 사랑하는지 점검해봅시다.

2. 하나님보다 재물을 더 소중하게 여기거나, 더 많은 재물을 얻기 위해 신앙 생활하는 것에 대해 반성해봅시다.

성전을 먼저 지어라

학개 1:1-9

> 너희는 산에 올라가서 나무를 가져다가 성전을 건축하라. 그리하면
> 내가 그것으로 말미암아 기뻐하고 또 영광을 얻으리라. 여호와가
> 말하였느니라 _ 학 1:8

성전을 먼저 건축하라고 촉구한 학개

이 세상에는 사람의 힘으로 되지 않는 일이 많습니다. 돈이나 권력으로 할 수 없는 일이 많습니다. 예를 들어 지구가 운행하는 것은 사람의 힘으로 되지 않습니다. 지구는 자전과 공전을 합니다. 지구는 스스로 하루 한 바퀴씩 돌고, 1년에 한 번 태양 주위를 돕니다. 그렇게 회전하는 데 엄청난 에너지가 필요합니다. 만약 발전소에서 생산하는 전기로 지구의 자전과 공전을 하게 한다면, 온 세계 발전소에서 나오는 모든 전기를 다 끌어모아도 모자랄 것입니다. 사람의 힘으로 지구를 움직여야 한다면, 지구의 자전과 공전이 금방 멈출 것입니다. 그렇게 되면 지구에는 엄청난 재앙이 찾아오고 어떤 생명체도 지금처럼 살아갈 수 없을 것입니다. 이처럼 우리가 하나님의 크신 은혜 속에서 살아가고 있다는 사실을 인식한 사람만이 기후위기 시대를 바르게 살아갈 수 있을 것입니다.

학개 선지자는 바벨론 포로 생활을 마치고 돌아온 유대인들이 성전을 건축하던 시대에 활동하였습니다. 바벨론에서 돌아온 유대인들은

기후위기 앞에 선 그리스도인들에게

유대 땅에 도착하자마자 성전 건축을 시작하였지만(주전 538년), 본래 그 땅을 차지하고 살던 사람들이 방해하였습니다. 방해꾼들은 페르시아 황제에게 편지를 보내 유대인들이 반란을 도모한다고 모함을 하였고, 이에 페르시아 황제는 성전 공사를 중단시켰습니다. 그 이후 오랫동안 성전 공사가 중단되었습니다. 그러자 많은 사람이 아직 여호와의 전을 건축할 때가 되지 않았다고 말했고(학 1:2), 일부 특권층은 성전 대신에 자기 집을 화려하게 짓고 살았습니다(학 1:4). 학개는 이러한 때에 등장하여 사람들을 책망하고 권면하여 성전 공사를 재개합니다.

학개는 먼저 현실을 지적합니다. 학개는 사람들이 수고하는 것이 모두 허사가 되었다고 강조합니다. 사람들이 씨를 많이 뿌렸지만 수확이 적고, 먹고 마셔도 배부름이나 흡족함을 느끼지 못한다고 말합니다. 그들은 마치 구멍 뚫린 지갑에 돈을 넣는 것과 같은 생활을 하였다고 합니다(학 1:5-6, 9). 이런 현실을 지적하면서 학개는 "너희는 자기의 행위를 살필지니라"(학 1:7)고 외칩니다. 이는 자기 행위를 반성하고 고치지 않으면 모든 수고가 헛될 것이라는 경고입니다. 그런데 그들이 살펴야 할 가장 중요한 것은 황폐한 성전을 그대로 두고 자기들 집만 돌보는 행위입니다. 성전 공사가 중단된 기간에 유대인들의 삶 전체가 정체되었습니다. 하나님께 예배드리는 것을 등한히 하고, 생계나 걱정하고, 자기 집을 좋게 하는 일만 하는 동안, 여러 가지 자연재해 때문에 고생하고, 아무리 수고해도 그 열매를 거두지 못했습니다.

결론적으로 학개는 무엇보다 먼저 성전을 건축하면 하나님께서 기뻐하시고 영광을 얻으실 것이고 하나님께서 복을 주실 것이라고 하였습니다(학 1:8). 사람들은 이러한 학개 선지자의 말을 듣고, 회개하고, 다시 힘을 내서 성전을 짓기 시작했습니다. 그런데 이들이 지은 성전은 결코 화려하지 않았습니다. 솔로몬 시대에 지은 성전에 비하면 한없이 초라한 성전입니다. 그런데 그런 초라한 성전에서 하나님께 예배드리면서, 그들의 삶에 큰 변화가 일어났습니다. 학개 선지자가 예언한 대로 성전을 지은 후에 유대인들은 수고한 대로 열매를 거두고, 하나님을 영화롭게 하며 살게 된 것입니다.

하나님께 예배하는 일이 우리 삶의 중심에 있을 때, 인생은 그 가치와 의미를 찾고 풍성해집니다. 예배할 여건이 되지 않아 예배드리지 못한다고 말하는 것은 계속 의미도 가치도 없는 인생을 살겠다고 말하는 것과 다르지 않습니다. 그 무엇보다 성전, 즉 예배하는 삶을 우리 중심에 두고 살 때, 우리가 복된 인생을 살 수 있습니다.

경제보다 중요한 예배

학개는 자기 집보다 먼저 성전을 지으라고 합니다. 이는 하나님께 예배하는 생활을 먼저 하라는 뜻이며, 자기 욕심보다 하나님의 뜻을 앞세우라는 뜻입니다. 그래야만 진정으로 행복하게 살 수 있기 때문입니다.

기후위기를 극복하는 것도 마찬가지입니다. 세계의 거의 모든 나라가 탄소 배출을 줄이겠다는 계획을 세워놓았습니다. 해마다 '국가온실가스감축목표(NDC)'를 세워 국제 사회에 보고합니다. 그러나 그 계획이 실현되기는 참 어렵습니다. 왜냐하면 각 나라, 기업, 사람마다 욕심이 있고, 늘 그것을 앞세우기 때문입니다. 실제로 계획을 세우고도 자기 사정을 앞세우며 실천은 하지 않습니다. 그것도 온실가스를 많이 배출하는 중국이나 미국, 우리나라 같은 부자 나라들이 실천하지 않습니다. 이 때문에 탄소의 실질 배출량을 '0'(zero)으로 만들겠다는 탄소중립 계획은 실현될 가능성이 거의 없습니다.

그런데 그렇게 살면 모든 수고가 허사가 될 것입니다. 잘 살려고 노력하지만, 오히려 더 가난해질 것입니다. 다들 자기 집에만 관심을 두고 잘 먹고 잘살 생각을 하며 자기 욕심만 앞세우면, 온 세상이 다 함께 망할 뿐입니다. 실제로 그런 일이 일어납니다. 경제 발전을 최고 가치로 삼고, 더 잘살려고 애쓰는 나라와 기업들, 사람들 때문에 세상이 망해갑니다. 우리가 그러한 슬픈 종말을 맞이하지 않기 위해서 먼저 하나님께 예배하는 생활을 해야 합니다. 하나님의 말씀을 따라 사는 것을 앞세울 때, 진정으로 아름답고 복된 세상을 이룰 수 있습니다.

하나님은 천지만물을 창조하시고 운행하는 분입니다. 하나님의 은혜와 섭리 없이 사는 방법은 없습니다. 자기 욕심을 앞세우고 천지만물의 운행자이신 하나님의 뜻을 무시하는 세상에는 희망이 없습니다. 우리는 하나님께 예배하는 삶이 가장 중요하고, 그것이 이 세상을 살리는 유일한 길이라는 것을 세상에 널리 알려야 합니다. 또한 우리가 먼저 하나님께 예배하는 것을 가장 중요하게 여기고, 무엇보다 먼저 예배하며 살아야 합니다. 우리가 먼저 하나님께 예배하는 공동체를 튼튼하게 세우고 사람들을 이 예배 공동체에 초대해야겠습니다. 🌿

하나님, 우리가 단지 먹기 위해 살지 않게 하옵소서. 욕심을 채우기 위해 살지 않게 하옵소서. 주님을 예배하며, 주님의 영광을 구하며 살게 하옵소서. 온 세상이 자기 욕심을 앞세우고 살아감으로, 주님이 지으신 아름다운 세상을 파괴하고 온 인류를 죽음으로 몰아갑니다. 주님을 예배하는 것이 아름다운 세상을 회복하고 온 인류를 살리는 유일한 길이오니, 예배자로 부름 받은 그리스도인들이 예배를 앞세우며 살게 하옵소서.

1. 먹고사는 일에만 몰두하고, 온 세상을 운행하시는 창조주 하나님의 뜻에 관심을 두지 않는 것은 매우 위험한 일입니다. 인류가 경제를 앞세우다가 당하고 있는 재앙에 대해 말해봅시다.

2. 경제 활동보다 예배가 더 소중합니다. 예배를 앞세우는 생활에 대해 말해봅시다. 예배가 세상을 살리는 길이라는 점에 대해 묵상해봅시다.

오직 하나님의 영으로

스가랴 4:6-10

여호와께서 스룹바벨에게 하신 말씀이 이러하니라. 만군의 여호와께서 말씀하시되 이는 힘으로 되지 아니하며, 능력으로 되지 아니하고, 오직 나의 영으로 되느니라 _ 슥 4:6

오직 하나님의 영으로 된다

날씨가 너무 추우면 모든 것이 멈추고 죽은 것처럼 느끼지만, 그렇지 않습니다. 추위 속에서도 생명 현상은 계속되고 사람의 생활도 계속됩니다. 우리에게는 추위뿐만 아니라 여러 가지 어려움이 찾아옵니다. 질병도 우리 삶을 방해하는 것 중의 하나입니다. 그런데 질병에 걸렸다고 해서 사람이 다 죽는 것은 아닙니다. 질병을 이겨내고 일상을 회복하는 사람이 훨씬 더 많습니다. 병원이나 의사가 별로 없던 옛날에도 그랬습니다. 인류는 많은 질병을 이겨내고 지금까지 살아왔습니다. 추위나 질병이나 여러 가지 위험한 일들이 있지만 인류의 역사는 중단되지 않았습니다. 이런 일을 주목하며 우리 믿음의 선배들은 하나님을 생명을 주시는 분이라고 고백했습니다. 특히 삼위일체 하나님 중에서 성령 하나님을 생명의 수호자로 고백했습니다.

스가랴 선지자는 학개 선지자와 같은 시대에 활동하였습니다. 당시 바벨론 포로 생활에서 돌아온 유대인들이 성전을 짓고 있었는데 주변 사람들의 방해로 공사가 중단되었습니다. 당시 상황은 매우 좋지 않았습니다. 주변 땅이 황폐해서 농사짓는 것이나 가축을 기르는 것이 쉽지 않았습니다. 먹고 사는 것조차 쉽지 않았습니다. 포로 생활에서 돌아온 유대인들은 모든 것을 새로 시작해야 했습니다. 성전 공사를 방해하는 사람이 없어도 성전을 짓는 것이 쉽지 않은 상황이었습니다.

스가랴 전반부 1-8장에는 여덟 가지 환상이 나옵니다. 스가랴 선지자는 여덟 가지 환상으로 어려운 상황에서 성전을 짓는 유대인들을 격려합니다. 스가랴 4장에 나오는 환상은 당시 지도자 총독 스룹바벨을 격려하는 환상입니다. 하나님은 스룹바벨에게 "만군의 여호와께서 말씀하시되, 이는 힘으로 되지 아니하며, 능력으로 되지 아니하고, 오직 나의 영으로 되느니라"(슥 4:6)고 말씀하셨습니다. 당시 유대인 공동체의 과제는 성전을 건축하고, 유대인 공동체를 튼튼하게 세우는 것입니다. 그런데 그 일이 지도자인 스룹바벨의 힘이나 능력으로 되지 않습니다. 유대인들의 힘이나 능력으로 되는 것도 아닙니다. 오직 하나님의 영으로 됩니다. 하나님의 영이 스룹바벨과 함께 하시고, 하나님의 영이 유대인들과 함께 하셔서, 성전을 완공하고 성전을 중심으로 튼튼하고 새로운 공동체를 세울 것이라고 하였습니다.

스룹바벨과 함께 하시는 하나님께서는 다음과 같이 일하십니다. "큰 산아, 네가 무엇이냐? 네가 스룹바벨 앞에서 평지가 되리라. 그가 머릿돌을 내놓을 때에 무리가 외치기를 은총, 은총이 그에게 있을지어다 하리라"(슥 4:7). '큰 산'은 성전 건축과 유대인 공동체 재건을 방해하는 것을 가리킵니다. 하나님의 영이 그 큰 산을 평지처럼 만들어버리시겠다는 의미입니다. 하나님의 영이 방해물을 없애버리십니다. 스룹바벨의 지도하에 머릿돌, 즉 성전의 기초를 놓게 하고, 사람들은 스룹바벨을 축복하며 스룹바벨에게 순종하게 하십니다. 그리하여 성전 공사가 순조롭게 진행될 것입니다. 하나님은 스룹바벨의 지도하에 성전 건축을 시작하였으니, 스룹바벨의 지도하에 성전 건축을 마칠 것이라고 하셨습니다(슥 4:8-9).

이러한 약속대로 실제로 유대인들은 어려운 여건에서도 성전을 완공하고, 성전을 중심으로 튼튼한 유대인 공동체를 세웠습니다. 그 공동체가 우리에게 구약성경을 전해주었고, 그 공동체를 통해 예수님이 세상에 오셨습니다. 스룹바벨 시대에 지은 성전을 중심으로 하는 유대인 공동체는 이전 시대의 유대인 공동체보다 훨씬 더 순수하고 능력 있는 공동체였습니다. 하나님의 영이 함께 하심으로 그런 공동체가 세워진 것입니다.

절망적인 세상에서 생명을 주시는 성령님을 따라 살기

우리는 이 말씀을 통해 하나님의 영이 우리와 함께 하시면, 우리가 직면한 어려움을 이겨내고 하나님의 뜻을 이룰 수 있다는 확신을 얻습니다. 우리의 힘이나 능력으로 할 수 없는 일이라도 하나님의 영과 함께 그 일을 해낼 수 있습니다. 특히 파괴된 곳을 건설하고 죽어가는 이들을 살릴 수 있습니다.

성령 하나님은 질병으로 고생하는 사람을 치유하는 분이요, 죽어가는 것에 생명을 불어넣으시는 분입니다. 또한 파괴된 것을 건설하는 분입니다. 성령 하나님은 과거 파괴된 예루살렘 성전과 유대인 공동체를 재건하셨을 뿐만 아니라, 오늘날 우리 사회에서 파괴되어가는 것들과 죽어가는 것들을 다시 세우시고 살리십니다. 우리가 그 성령님과 함께 할 때 우리도 죽어가는 것을 살릴 수 있습니다.

지금 지구가 파괴되고 그 안에 사는 생명체들이 신음하고 있습니다. 많은 사람이 사람의 힘으로는 지금의 기후변화나 기후재앙을 막을 수 없다고 말합니다. 인간이 만든 여러 가지 과학 기술로도, 그동안 쌓아왔던 엄청난 부로도 이 문제들을 해결할 수 없습니다. 우리에게는 생명을 주시는 성령 하나님이 간절히 필요합니다. 우리가 욕심을 내려 놓고 성령 하나님의 도우심을 간절히 구할 때, 성령님께서 파괴되는 지구를 회복시키시고 죽어가는 생명들을 살리실 것입니다.

이 성령님을 믿는 그리스도인들은 지금의 현실에 절망하지 않아야 합니다. 파괴된 것을 건설하고 죽은 것을 살리는 성령님을 믿고, 오직 성령님의 인도하심을 따라 우리 안의 죄와 정욕을 물리치고 생명이 풍성한 세상을 만들어가야 하겠습니다. 그러할 때, 이 세상에 새로운 변화가 일어날 것입니다. ✍

생명의 영이신 성령 하나님, 파괴와 죽음이 있는 곳에 성령님이 함께 하실 때, 생명이 회복되고 소성케 됨을 우리가 굳게 믿게 하옵소서. 환경오염과 기후변화로 인해 수많은 생명체가 죽어갑니다. 우리가 이 세상에서 죄와 욕심과 게으름을 떨쳐버리고 생명을 주시는 성령 하나님의 인도하심을 따라 이 세상을 살리고 새롭게 하는 일에 헌신하게 하옵소서.

1. 생명을 파괴하는 우리 인류의 삶에 대해 반성해봅시다. 생명을 주시는 성령님의 은총을 묵상해봅시다.

2. 생명을 주시는 성령님을 따라 사는 것은 어떤 삶인가요? 성령님을 따라 사는 것을 방해하는 것에 대해서 말해봅시다.

하나님이 임하시는 날

말라기 2:17-3:6

> 만군의 여호와가 이르노라. 보라 내가 내 사자를 보내리니 그가 내
> 앞에서 길을 준비할 것이요, 또 너희가 구하는 바 주가 갑자기 그의
> 성전에 임하시리니, 곧 너희가 사모하는 바 언약의 사자가 임하실
> 것이라. 그가 임하시는 날을 누가 능히 당하며, 그가 나타나는 때에
> 누가 능히 서리요? 그는 금을 연단하는 자의 불과 표백하는 자의
> 잿물과 같을 것이라 _말 3:1-2

심판하러 임하시는 하나님

최근 일어나는 기후변화를 가볍게 여겨서는 안 됩니다. '잠깐 이러다
가 말겠지, 다른 나라에서만 일어나겠지'라고 생각하지 않아야 합니다.
그것은 죄를 짓고도 벌을 받지 않을 것이라고 생각하는 것과 같습니다.
인류는 자기 욕심을 충족시키느라고 지구 생태계를 오염시키고 파괴하
며, 특히 지구의 기온을 뜨겁게 만들었습니다. 이에 대해서 반드시 책
임을 져야 합니다. 의로우신 하나님이 계시기에 우리는 그 책임을 모면
할 수 없습니다. 우리가 에너지나 물건을 많이 소비하면 할수록 더 빨
리 그리고 더 강한 기후재앙이 찾아올 것입니다. 그러므로 우리는 두려
운 마음으로 살아야 합니다. 말라기 선지자는 하나님께서 심판하러 세
상에 오시니, 그 하나님을 맞을 준비를 하며 살라고 권면합니다.

말라기 시대에 하나님을 원망하는 사람들이 많았습니다. 어렵게 성
전을 완공한 후에 영화로운 시대가 올 것이라고 기대하는 사람들이 많

았습니다. 그런데 그런 기대가 이루어지지 않자 사람들이 실망하고 하나님을 원망하였습니다. 그들은 하나님이 자기들을 사랑하지 않는다고 말하기도 했습니다(말 1:2). 이처럼 하나님의 사랑을 의심하고 하나님을 원망하며 하나님을 제대로 섬기지 않았습니다. 성전이나 성전에서 일하는 제사장들을 돌보지 않았고, 제사장들은 하나님께 바치기에 적합하지 않은 제물을 바쳤습니다. 사람들은 '악을 행하는 자가 하나님의 눈에 좋게 보이고, 하나님을 기쁘게 한다', '정의의 하나님이 어디 계시냐?'라고 비아냥거렸습니다(말 2:17). 악을 저질러도 아무 문제가 없고 정의의 하나님이 계시지 않으니 아무렇게나 살아도 된다는 뜻입니다.

이러한 시대에 말라기 선지자가 등장하여 하나님께서 심판하러 오신다는 것을 강조합니다. "만군의 여호와가 이르노라. 보라 내가 내 사자를 보내리니 그가 내 앞에서 길을 준비할 것이요. 또 너희가 구하는 바 주가 갑자기 그의 성전에 임하시리니 곧 너희가 사모하는 바 언약의 사자가 임하실 것이라"(말 3:1). 하나님께서 당신의 사자를 먼저 보내, 당신의 길을 준비하게 하시고, 그 후에 갑자기 당신이 친히 성전에 임하겠다고 하셨습니다. "그가 임하시는 날을 누가 능히 당하며 그가 나타나는 때에 누가 능히 서리요! 그는 금을 연단하는 자의 불과, 표백하는 자의 잿물과 같을 것이라"(말 3:2). 하나님은 금을 연단하는 불처럼, 또는 표백하는 잿물처럼 임하신다고 하셨습니다. 연단하는 불은 불순물을 모두 태워버리는 불입니다. 표백하는 잿물은 더러운 것을 하얗게 또는 깨끗하게 하는 물입니다. 그러므로 하나님 앞에 더러운 사람은 감히 서지 못합니다. 더러운 것으로 오염된 사람은 불에 타 사라질 수도 있습니다.

불같은 하나님, 잿물 같은 하나님을 만나는 것이 얼마나 무서운 일이겠습니까? 특히 '정의의 하나님이 어디 계시냐?'라고 말하며 아무렇게나 사는 사람들에게 하나님은 더욱 무서운 분으로 임하십니다. 우리가 믿는 하나님은 심판하는 분이요, 죄악과 더러운 것을 다 없애시는 분입니다. 하나님이 임하시는 날에, 우리가 욕심을 채우기 위해서 모아놓은 것들은 다 불에 타서 사라질 것입니다. 우리가 욕심을 채우려고 좋은 물건을 사 모으는 일에 열중한다면 우리 인생에는 아무것도 남지 않을 것입니다. 우리 인생이 불에 타서 사라져버리고 말 것입니다. 불 같은 하나님, 잿물 같은 하나님은 우리가 깨끗한 사람이 되기를 바라십니다. 우리는 이러한 하나님의 뜻을 따라 살아야 합니다.

우리 자신을 깨끗하게 보전하기

2020년부터 2022년까지 코로나19 때문에 공식적으로는 660만 명이 목숨을 잃었습니다. 비공식적으로는 2천만 명이 넘을 것이라고도 합니다. 코로나19 바이러스는 본래 다른 동물에게 있던 것인데, 사람이 동물의 서식지를 파괴하고 침범함으로써 동물이 사람들의 영역으로 들어와서 사람들에게 바이러스가 옮았습니다. 이렇게 코로나19 팬데믹의 근본 원인은 인간의 환경파괴입니다. 환경오염과 기후변화로 인해 많은 사람이 질병에 시달리거나 죽습니다. 그리고 그 수가 점점 많아집니다.

우리는 이러한 현실에서 심판하시는 하나님을 만나야 합니다. 그리고 우리의 죄를 깨달아야 합니다. 지금 우리가 직면한 현실은 사람이 욕심을 채우기 위해 아무렇게나 살아온 결과입니다. 하나님의 말씀을 무시하고, 편안하게 살다 보니 지금 우리가 이러한 현실에 직면하였습니다. 우리가 죄를 지으면 지을수록 우리는 더욱 가혹한 현실을 만나게 될 것입니다. 특히 우리의 잘못된 삶이 우리 후손의 삶을 송두리째 앗아갈 것입니다. 하루속히 우리의 잘못을 깨닫고 생활을 고쳐야 합니다. 욕심을 채우기 위한 삶을 청산하고 거룩하신 하나님의 말씀을 따라서 살아야 합니다.

우리는 에너지나 물건 소비를 절제하고, 쓰레기 배출을 줄여야 합니다. 환경을 파괴하는 정부나 기업의 활동을 막아야 합니다. 동시에 우리 자신을 깨끗하게 해야 합니다. 심판하시는 하나님을 의식하고 우리의 죄를 살피고 회개해야 합니다. 특히 예수 그리스도의 은총으로 거룩한 존재로 거듭난 우리 자신을 잘 지켜야 합니다. 죄와 욕심을 즐기는 생활로 돌아가지 않아야 합니다. 우리가 이 사명에 충성하여 우리 자신을 깨끗하게 지킬 때, 기후변화로 인한 재앙에 직면한 이 세상에 희망을 줄 것입니다. 그리스도인다운 삶이야말로 기후재앙에서 벗어날 수 있는 유일한 길입니다.

이 세상을 심판하시는 하나님, 우리가 주님을 두려워하게 하옵소서. 욕심과 죄와 더러움의 결과물들은 다 불에 타 없어질 것이오니, 우리가 불에 타 사라져버릴 것을 얻으려고 애쓰지 않게 하옵소서. 예수 그리스도를 보내셔서 우리의 죄를 용서하시고 거룩한 존재가 되게 하신 하나님, 우리 내면을 깊이 살펴 우리의 죄를 깨닫고 회개하며 살게 하옵소서. 더 바르고, 더 거룩한 길을 가게 하옵소서. 기후위기에 빠진 세상에 희망을 주는 인생을 살게 하옵소서.

1. 하나님의 심판을 의식하지 않고 물질적이고 육체적인 욕망을 채우는 일에 몰두하는 현대인의 삶에 대해 반성해봅시다.

2. 더러운 것을 불사르고 녹여버리는 하나님의 무서운 심판을 묵상합시다. 우리 자신과 세상을 더럽히는 것들에 대해 말해봅시다.

기후위기 앞에 선 그리스도인들에게
녹색의 눈으로 읽는 성경 _ 구약

글쓴이   박용권

발행일   2025년 1월 1일 처음 펴냄
엮은이   (사)한국교회환경연구소
펴낸이   홍인식
펴낸곳   도서출판 엘까미노(2024-000035호)
주 소   경기도 시흥시 정왕신길로139번길 16
전 화   010.7383.7124
이메일   iych9539@gmail.com

Copyright ⓒ 박용권, 2025
ISBN 979-11-990743-0-9 (03230)